W0196187

Christian Tielmann
Stressfrei argumentieren

Christian Tielmann

Stressfrei argumentieren

Ruhig bleiben und recht behalten

Anaconda

Die Deutsche Nationalbibliothek verzeichnet diese Publikation in der
Deutschen Nationalbibliografie; detaillierte bibliografische Daten sind
im Internet unter http://dnb.d-nb.de abrufbar.

© 2013 Anaconda Verlag GmbH, Köln
Alle Rechte vorbehalten.
Umschlagmotiv: Thinkstock/iStockphoto
Umschlaggestaltung: pecher und soiron, Köln
Satz und Layout: InterMedia, Ratingen
Printed in Czech Republic 2013
ISBN 978-3-7306-0011-5
www.anacondaverlag.de
info@anacondaverlag.de

Inhalt

Einleitung 7

1. Wie man eine Argumentation aufbaut 13

   1.1 Was ist eine Argumentation? 13

   1.2 Argumente finden 48

2. Wie man eine Argumentation vorträgt 69

   2.1 Was ist eine Diskussion? 69

   2.2 Geschickter Vortrag 87

   2.3 Ein paar Warnhinweise zum Schluss 107

3. Wie man eine Argumentation attackiert 108

   3.1 Fair 109

   3.2 Unfair 124

4. Wie man eine Argumentation verteidigt 134

   Vom Umgang mit Kritik 139

5. Ende der Diskussion – Wo Argumente nicht
weiterhelfen 153

Literaturverzeichnis 159

Einleitung

Können Sie das blöde Gelaber oder Getue Ihrer Nachbarn manchmal einfach nicht mehr ertragen? Würden Sie Ihre daherschwafelnde Schwiegermutter am liebsten auf den Balkon stellen und die Tür schließen? Oder sind Sie der Chef eines im Prinzip wunderbaren Unternehmens, nur diese Mitarbeiter Hinz und Kunz, die gehen Ihnen in den Sitzungen auf die Nerven, kapieren nichts und daher brüllen Sie die beiden immer wieder in Grund und Boden? Oder sind Sie sogar Politiker und müssen immer wieder die Fassung bewahren, obwohl die Fragen der Oppositionskollegen auf dem Flur Sie fast so provozieren wie die der dämlichen Journalisten? Oder sind Sie Putzfrau und diesen Depp von einem Nachbarn im Erdgeschoss, der auch noch frech und unverschämt daherkommt, den könnten Sie mit dem Wischlappen steinigen, weil Ihnen einfach die Worte fehlen?

Kein Problem!

Sie können ruhig bleiben und trotzdem recht behalten. Sie können sogar ganz lässig mehr erreichen als mit all der aufbrausenden oder unterdrückten Wut.

Oder ist es ganz anders?

Sie werden immer wieder gedeckelt? Stehen Sie unter dem Pantoffel und alle um Sie herum halten Sie für total dämlich? Haben Sie manchmal das Gefühl, dass Sie ihre Meinung einfach nicht so klar rüberbringen, wie sie (Ihre Meinung) es verdient hätte? Lassen Sie sich in Teamsitzungen immer (oder immer öfter) an die Wand labern? Stimmen Sie dann Meinungen zu, die Sie eigentlich für falsch halten? Nur um Ihre Ruhe zu haben und dann quält Sie nachher doch das schlechte Gewissen?

Ist es so oder so ähnlich?

Dann bleiben auch Sie ruhig. Auch Sie können Ihre Meinung äußern und sie sogar verteidigen. Die Waffen, die Sie dazu brauchen, besitzen Sie längst. Sie müssen sie nur ein bisschen schärfen und einsetzen. Und wenn Sie das erst drauf haben, dann werden Sie selbst die größte Labertasche das Fürchten lehren. Und zwar ganz entspannt.

Ganz egal, ob Sie sich viel zu leicht oder viel zu selten streiten; gleich, ob Sie lieber alles in sich reinfressen oder Sie ständig ein schlechtes Gewissen quält, weil Sie wieder jemandem über den Mund gefahren sind – es gibt ein Mittel, das Ihr Leben erheblich leichter machen wird. Dieses Mittel heißt: Argumentation.

Wir argumentieren und diskutieren in unterschiedlichen Bereichen des Lebens mit unterschiedlichen Zielen. Sie können Argumentation als Werkzeug einsetzen zur Lösung von:

1. Fragen und Problemen des Wissens,
2. Fragen, Problemen und Zwangslagen der Lebenspraxis und
3. Fragen, Plänen oder Problemen, die eine im weitesten Sinn technische Lösung erfordern.[1]

Wenn zum Beispiel zwei Physiker darüber diskutieren, ob es das Higgs-Teilchen gibt, dann argumentieren sie eine Frage des Wissens. Gleiches gilt, wenn Ute und Klaus die Frage diskutieren, ob der Vogel vor dem Fenster ein Rotkehlchen oder ein Gimpel ist. In solchen Diskussionen wollen die Gesprächspartner herausfinden, was wahr ist. Das Ziel dieser Debatten ist also *Wahrheitsfindung*.

Aber nicht alle Diskussionen zielen auf Wahrheit. Elke und Sabine müssen entscheiden, ob sie in den Biergarten oder ins Kino gehen.

Elke: »Lass uns ins Kino gehen. Ich kann mir keinen Kater leisten.«
Sabine: »Och nö. Heute ist endlich mal gutes Wetter und ab morgen soll es schon wieder regnen. Außerdem läuft im Kino zurzeit eh nur Mist. Im Biergarten gibt es ja auch Pfefferminztee.«

Zur Lösung ihres Problems (besonders groß ist es ja nicht) bedienen sich Sabine und Elke der Argumentation. Das Ziel der Diskussion ist aber nicht Wahrheit, sondern *die richtige Entscheidung* zu treffen. Dass dabei Wahrheit und Falschheit auch eine Rolle spielen, werden wir im ersten Kapitel sehen.

---

1 Diese Dreiteilung geht auf den griechischen Philosophen Aristoteles (384–322 v. Chr.) zurück.

Bei *technischen Lösungen* geht es nicht nur um Tätigkeiten, bei denen Schraubenzieher und Bohrmaschinen zum Einsatz kommen. Mit Technik meine ich hier (darin folge ich Aristoteles) alle Tätigkeiten in Bereichen, in denen Menschen irgendetwas herstellen. Dazu gehören sowohl Industrie, Handwerk und Dienstleistungen als auch zum Beispiel die Kunst. Wenn jemand Flöte spielt, dann ist das ein Fall von Technik in diesem sehr weiten Sinn: Der Flötenspieler stellt Töne her. Ebenso natürlich der Schreiner, der einen Tisch baut, der Metzger, Maurer, Autor und so weiter.

Man kann nun auch über Fragen oder Probleme der Herstellung von etwas diskutieren und mit Argumenten für das eine oder andere Verfahren votieren. In diesen Debatten geht es nicht um die Wahrheit und auch nicht um die richtige Entscheidung, sondern um eine *passende Lösung* des technischen Problems. Solche Debatten haben somit das Ziel, dass *etwas funktioniert*.

Dass wir in so vielen Lebensbereichen das Werkzeug »Argumentation« gebrauchen können, führt dazu, dass manche Autoren es für eine Art Allheilmittel menschlicher Konflikte zu halten scheinen. Dieser Gedanke ist zwar verlockend, aber leider falsch. Dass er falsch ist, werde ich im letzten Kapitel belegen.

Ich werde im Verlauf dieses Buches immer wieder Beispiele aus allen drei Bereichen geben und da, wo es nötig ist, genauer auf die Unterschiede eingehen. Wichtig ist mir momentan folgende Beobachtung: Argumentationen können mehr als ein Ziel haben. Manchmal geht es um die Wahrheit, manchmal um die richtige Entscheidung, manchmal um eine funktionierende Lösung. Das aber heißt, dass Diskussionen nicht immer und nicht ausschließlich den Zweck haben, dass sich jemand durchsetzt oder jemand von etwas überzeugt wird.

Daher kann ich Ihnen nicht versprechen, dass Sie sich nach der Lektüre dieses Buches immer *durchsetzen* werden. Das würde ich auch nicht wollen – wer weiß, was für absurde Meinungen Sie den lieben langen Tag vertreten. Doch selbst wenn ich es versprechen wollte, wäre das unredlich: Sich durchzusetzen ist nicht immer das Ziel, das Sie mit Ihren Argumenten in einer Diskussion verfolgen.

Ich habe mit diesem Buch einen viel geringeren (aber ehrlicheren) Anspruch: Falls Sie eine Meinung haben, können Sie sie ausdrücken. Und Sie können sie auch begründen; sachlich, schlicht und rational. Ich gebe zu, das ist nicht immer leicht. Aber es ist möglich. Versprochen.

Also lassen wir die Schwiegermutter vom Balkon wieder in unser Wohnzimmer. Hören wir uns ganz genau an, was die Labertaschen in der Sitzung zu sagen haben. Und stellen wir uns sogar den beiden Volldeppen Hinz und Kunz. Denn egal wie alt oder jung, neunmalklug oder schlecht erzogen Ihr Gesprächspartner auch sein mag: Kein Mensch irrt sich gerne. Deshalb lassen wir uns im Grunde unseres Herzens sogar bereitwillig vom Gegenteil überzeugen, wenn die Argumente stimmen.

Damit Sie nun Ihre Schwiegermutter mit guten Argumenten davon überzeugen können, dass Sie allein mit Ihrer Frau in den Urlaub fahren und sie (die Schwiegermutter, nicht Ihre Frau, versteht sich) zu Hause bleibt, müssen Sie

1. eine Meinung haben,
2. sicher sein, dass diese Meinung wahr ist bzw. eine gute Lösung für das Problem anbietet,
3. Argumente finden, die diese Meinung begründen,
4. diese Argumente der Schwiegermutter näherbringen.

Dieses Buch wird aber nicht nur von Schwiegersöhnen gelesen. Sondern vielleicht auch von Schwiegermüttern. Also wechseln wir rasch die Perspektive: Stellen wir uns vor, dass Sie nicht der Schwiegersohn, sondern die Schwiegermutter sind. Was jetzt? Was, wenn Sie Ihren Schwiegersohn, diesen Nichtsnutz, davon überzeugen wollen, dass Sie mit Ihrer Tochter (und zur Not eben auch mit ihm) in den Urlaub fahren sollten? Dann müssen Sie den Argumenten dieses Kerls ja etwas entgegensetzen.

Auch da heißt es: Cool bleiben!

Sie können jede Argumentation attackieren. Und zwar auf zweierlei Weise:

5. fair
6. unfair

Ich bevorzuge fair – schon aus Angst, dass ich vielleicht mit meiner Meinung unrecht habe. Und wenn Sie ehrlich sind, haben Sie das vielleicht auch schon erlebt: Wenn Sie sich in einer Frage mit einer falschen Meinung durchsetzen, dann kommt diese Frage, dieses Problem immer wieder an irgendeiner Stelle hoch. Hingegen ist ein einmal sauber gelöstes Problem in aller Regel vom Tisch. Also versuchen Sie fair zu bleiben. Denn unfaire Überredung führt letztlich doch wieder zu den Emotionen vom Anfang. Kennen sollten Sie aber auch die Tricks aus der Unfair-Kiste. Denn wer faulen Zauber durchschaut, geht dem rhetorischen Zauberkünstler oder Taschenspieler nicht so leicht auf den Leim.

Der Anfang dieses Buches ist nicht ganz frei von trockener Materie. Meinungen, Argumente, Wahrheit – das sind alles große Themen, über die schon Scharen von hochdekorierten Philosophen nachgedacht haben und darüber (nicht daran!) gestorben sind. Ein bisschen Theorie werde ich Ihnen am Beginn des ersten Kapitels nicht ersparen können – aber gute Theorien wirken wie Pillen: Sie schmecken vielleicht etwas bitter beim Lesen, haben aber letztlich eine heilsame Wirkung auf das Denken. Denn an erster Stelle muss geklärt werden, über was wir überhaupt reden.

Im zweiten Teil des ersten Kapitels werde ich ein paar Inspirationsquellen nennen, aus denen man Argumente gewinnen kann.

Das zweite Kapitel steht im Zeichen der Kommunikationstheorie und Rhetorik. Denn das, was Sie mit dem ersten Kapitel an Argumentation zusammengebastelt haben, soll ja auch irgendwie beim Gesprächspartner ankommen. Hier geht es oftmals nicht nur um das, *was* Sie sagen, sondern auch darum, *wie* Sie es sagen. Ein paar grundsätzliche Hinweise und viele konkrete Beispiele sind dort zu finden.

Eine Diskussion ist aber keine Einbahnstraße und zu einem Streit gehören ja immer mindestens zwei Parteien. Daher widmet sich das dritte Kapitel der Frage, wie Sie eine Argumentation, die Ihnen vorgesetzt wird, kritisieren und gegebenenfalls komplett zerlegen können. Da gibt es wie gesagt das faire und das unfaire Verfahren. Beide werde ich im dritten Kapitel thematisieren.

Schließlich fehlen noch Tipps, wie Sie, wenn Ihre Argumentation kritisiert wurde, mit dieser Kritik, sei sie fair oder unfair, umgehen können. Dem widmet sich das vierte Kapitel.

Im fünften und letzten Kapitel will ich den Blick noch einmal über den argumentativen Tellerrand heben. Denn Argumentation ist zwar eine gute, aber nicht immer die beste Möglichkeit, Konflikte, Fragen oder Probleme zu lösen.

Noch ein Hinweis: Sie können dieses Buch, das fünfte Kapitel ausgenommen, leider nicht gut querlesen. Die ersten vier Kapitel bauen systematisch aufeinander auf und Sie werden die leichter lesbaren Kapitel zwei bis vier an verschiedenen Stellen nicht verstehen, wenn die theoretischen und begrifflichen Grundlagen aus Kapitel eins nicht einigermaßen klar sind. Sonst hätte ich, obwohl ich ein großer Freund von Theorien bin, das erste Kapitel weggelassen. Schließlich will ich Sie ja nicht mit unnötiger Theorie quälen. Sondern nur mit nötiger.

Ich wünsche Ihnen viel Spaß beim und argumentativen Gewinn durchs Lesen.

1. Wie man eine Argumentation aufbaut

1.1 Was ist eine Argumentation?

Ich betrachte in diesem Buch Argumentationen, insofern sie ein Mittel zur Auseinandersetzung sind. Das ist nicht der einzige Zweck von Argumentationen. Man kann auch im Geiste vor sich hin argumentieren. Man kann Argumente gewichten und abwägen, um einer Sache für sich selbst auf den Grund zu gehen. Aber hier geht es vornehmlich um die Situationen, in denen wir Probleme mittels Argumentation lösen wollen, und diese Probleme erscheinen als Meinungsverschiedenheiten zwischen zwei oder mehr Kommunikationspartnern.

Hinz meint nicht, was Kunz meint. Ihr Nachbar meint, dass sein Hund vor Ihrer Garage sein großes Geschäft verrichten dürfe, und Sie meinen das nicht. Die Schwiegermutter meint, dass sie mit ihrer Tochter in Urlaub fahren sollte, und der Schwiegersohn meint das glatte Gegenteil.

Ich habe hier bewusst immer wieder *meinen* geschrieben. Die Protagonisten meinen etwas. Wenn jemand etwas *meint*, dann heißt das, dass sie (oder er) glaubt, dass es sich so verhält, wie sie (oder er) sagt.

Aber eine Meinung kann sich, selbst wenn wir noch so von ihr überzeugt sind, als falsch herausstellen. Der Spaßvogel vom Kundendienst, der meine Spülmaschine ruiniert hat, war der Meinung, dass das Zukleben eines Überlaufventils eine gute, preiswerte und dauerhafte Lösung der Wasserzulaufprobleme sei. Er irrte sich.

Irren ist nicht angenehm. Irren ist manchmal dämlich, häufig teuer, aber immer menschlich. Es ist auch möglich, dass wir uns nicht irren. Das Nicht-Irren ist auf zweierlei Weise möglich: Entweder haben wir gut geraten oder wir haben etwas nicht nur *gemeint,* sondern auch *gewusst.*

Wenn Hans weiß, dass es regnet, dann gehen wir davon aus, dass auch wahr ist, dass es regnet. Wenn sich herausstellen sollte, dass es doch nicht regnet, dass Hans sich also geirrt hat, dann hat er nur *geglaubt,* dass er etwas wisse, hat es aber nicht gewusst. Etwas abstrakter formuliert: Unter Wissen verstehen wir eine wahre Meinung, die nicht nur gut geraten, sondern mit guten Gründen gerechtfertigt ist.

Wenn Hans aus dem Fenster sieht, auf die dunklen Wolken am Himmel und die Regentropfen deutet, die in den Pfützen vor dem Fenster landen, dann hat er die begründete, wahre Meinung, dass es regnet, und in diesem Fall sagen wir: Hans weiß, dass es regnet.

Warum ist der Unterschied zwischen Wissen und Meinen so wichtig, dass ich hier seitenlang auf ihm herumreite?

Machen Sie sich klar, ob Sie etwas *meinen* oder etwas *wissen* oder etwas *zu wissen glauben*. Und zwar bevor Sie Ihre Argumentation aufbauen. Denn ob Sie etwas wissen oder nur meinen oder glauben, macht einen gewaltigen Unterschied. Wissen ist gerechtfertigte *wahre* Meinung.

Ich *weiß* zum Beispiel, dass an meiner Station die U-Bahn-Linien 12 und 15 halten. Das ist eine gerechtfertigte wahre Meinung. Die Rechtfertigung liefert meine Erfahrung: Diese Zahlen stehen an der U-Bahnstation, an der ich täglich vorbeigehe.

Aber es gibt nicht nur Erfahrungssätze, die Wissen begründen. Das können auch Nach-denk-Sätze sein, wie z. B. »2 + 2 = 4«. Felix weiß, dass 2 + 2 = 4 ist, weil er die Begriffe »2« »+«, »4« und »=« kennt. Das ist kein Erfahrungswissen, sondern Begriffs-Wissen: Wer die verwendeten Begriffe draufhat und ein bisschen (oder recht viel) nachdenkt, der findet heraus, dass es eine wahre gerechtfertigte Meinung ist, dass 2 + 2 = 4 ergibt. Es gibt auch Mischungen aus beidem. Hans weiß aus Erfahrung, dass er 24 Zeltnägel zum Aufbauen seines Zeltes braucht, er hat 26 Zeltnägel im Sack. Er weiß, dass 26 – 2 = 24 ist. Und deshalb ist die Meinung von Hans, dass er zwei Zeltnägel als Ersatz hat, eine gerechtfertigte wahre Meinung: Hans *weiß* es.

Otto hingegen *glaubt*, dass sein Sohn im Ferienlager eine großartige Zeit verlebt. Er *weiß* es aber nicht. Otto ist nicht dabei, aber alle Anzeichen im Vorfeld waren sehr positiv; dennoch kann das Ferienlager in die Hose gehen.

Claudia *meint*, dass der Ausstieg aus der Atomenergie machbar ist. Ob es wirklich so ist oder ob es häufige und anhaltende Stromausfälle geben wird, *weiß* sie aber nicht. Es ist nur ihre Meinung.

Wir können Meinungen ebenso wie Wissen begründen. Der Unterschied besteht schlicht darin, dass wir uns bei der Wahrheit oder Falschheit unserer Meinungen nicht ganz so sicher sein können. Das macht nichts. Schließlich ist irren ja menschlich. Nur sollten Sie im Blick behalten, dass es möglich ist, dass Sie sich irren. Oder anders gesagt: Sie sollten, wenn Sie Ihre Meinung äußern, prinzipiell auch bereit sein, sich eines Besseren belehren zu lassen. So war ich zum Beispiel immer der Meinung, dass Kopfläusebefall etwas mit mangelhafter Hygiene zu tun habe. Ich habe mich eines Besseren belehren lassen: Die Kinderärzte sagen einhellig, dass das Waschen der Haare zwar zu sauberen Läusen führt, aber nicht zu weniger.

In Diskussionen geht es in der Regel nicht um solch banale Fragen wie die nach dem Wetter. Meist geht es hoch her, wenn wir nicht *wissen*, sondern alle nur dies oder das *meinen*, die Wahrheit (noch) nicht erkannt haben und gleichsam im Dunkeln tappen. Aber egal, ob Sie etwas wissen oder etwas meinen: Ihr Wissen und Ihre Meinung können Sie mit Sätzen ausdrücken. Wichtig: Hier drücken Sie zunächst nur Ihre Meinung aus. Nur Ihre Meinung, noch keine Begründung. Den Satz, der Ihre Meinung ausdrückt (in komplexen Fällen dürfen es auch mehrere Sätze sein), nennt man »These«. Mit der Argumentation soll die These dann begründet werden.

Eine These kann zum Beispiel lauten:

»Bruno Brasil hat das Tor geschossen.«
»Ich sollte mit Christina allein in den Urlaub fahren.«
»Florence hat es verdient, sitzen zu bleiben.«
»Wir müssen die Produktion ankurbeln.«

Hier ist noch nicht die Rede von einem Warum, Woher, Was-passiert-wenn-nicht usw. Es sind nur die nackten Thesen. Nun hatte ich in der Einleitung die verschiedenen Ziele von Argumentationen hervorgehoben und behauptet, dass es dabei nicht immer primär um die Wahrheitsfindung ginge. Das ist für die folgende Darstellung der Logik aber ziemlich unpraktisch. Warum das unpraktisch ist, werden wir unten sehen. Daher habe ich in den Thesen, in denen es oben nicht um Wissen, sondern um Entscheidungen und (technische) Lösungen geht, schon einen Trick angewendet. Ich habe geschrieben: »Ich sollte mit Christina allein in den Urlaub fahren.« Durch das Hilfsverb »sollen« habe ich den Vorschlag des Sprechers, dass er allein mit Christina fährt, mit in die These gepackt. Dadurch kann diese These nun wiederum wahr oder falsch sein, genau wie eine These in einer Wissens-Argumentation. Ebenso bei der technischen Lösung: »Wir müssen die Produktion ankurbeln« ist wiederum ein Satz, der wahr oder falsch sein kann. Der Sprecher ist der Meinung, dass das Ankurbeln der Produktion die beste Lösung für das Problem der Firma bietet (es sind sehr viele Aufträge eingegangen und bei Verzug drohen Vertragsstrafen). Ob diese Lösung funktionieren wird oder nicht, muss man noch diskutieren und letztlich wird es sich erweisen. Wichtig ist mir im Augenblick nur folgender Punkt: Dieser Satz, diese These (»Wir müssen die Produktion ankurbeln«) kann wahr oder falsch sein.

Ich gehe daher der Einfachheit halber davon aus, dass sich jede These (egal ob es um Wissen, richtige Entscheidung oder die beste Lösung in der Diskussion geht) so formulieren lässt, dass sie wahr oder falsch sein kann. Ob die These wahr oder ob sie falsch ist, kann man manchmal durch Nachdenken herausfinden und manchmal muss man empirisch forschen, also in der realen Welt nachgucken, wie es sich verhält.

Zum Beispiel hat Norbert die verwegene These aufgestellt:

Norberts These: »$2 + 2 + 3 - 1 = 6$«

Um die Richtigkeit von Norberts These zu überprüfen, müssen wir kein Forscherteam losschicken. Nachrechnen reicht. Norberts These ist wahr.

Manchmal ist es aber eben doch nötig, ein Forscherteam loszuschicken. Alexander zum Beispiel interessiert sich sehr für Flüsse. Er weiß, dass es zwischen verschiedenen Flusssystemen normalerweise eine Wasserscheide gibt, die diese voneinander trennt. Die Höhenzüge der Gebirge sind solche Wasserscheiden. Nun ist aber Alexander ein gewiefter Naturforscher und behauptet:

Alexanders These: »Es gibt auf der Erde mindestens einen Fluss, der eine Wasserscheide durchbricht.«

Um herauszufinden, ob die These von Alexander wahr oder falsch ist, reicht Nachdenken nicht aus. Man muss sich schon in die Welt begeben und nachsehen. Aber bleiben Sie ruhig sitzen. Die Erde ist ja inzwischen recht gut erforscht und wir müssen nicht immer wieder in die Wälder ziehen, um den Unterschied zwischen Tannen, Fichten und Douglasien von Neuem zu erforschen. So auch im Fall der »Bifurkation« – so lautet der Fachterminus für das in Alexanders These beschriebene Phänomen. Um es kurz zu machen: Es gibt solche Flüsse.[2]

Ob Ihre These nun wahr oder falsch ist und wie man das herausfindet, ist für mich im Augenblick noch nicht so wichtig. Was mir gerade wichtiger ist, ist eine Begriffsbestimmung. In der Sprachphilosophie hat sich durchgesetzt, einen Satz, der wahr oder falsch sein kann, als »Aussage« zu bezeichnen. Da im Verlauf dieses Kapitels und dieses Buches solche Sätze eine zentrale Rolle spielen, sollten Sie nach der Lektüre der nächsten Seiten im Schlaf wissen, was ich in diesem Buch als »Aussage« bezeichne.

Testen Sie zum Beispiel die folgenden Sätze darauf, ob sie Aussagen sind oder nicht:

1. »Hau ab, du Blödmann!«
2. »Wo geht es zum besten Eiscafé der Stadt?«
3. »Hiermit eröffne ich die Sitzung und erteile Doktor Stuckenbrock das Wort!«
4. »Es regnet.«
5. »Goethe ist ein Klassiker.«
6. »Dein Fahrrad wird nass.«

---

2 Der bekannteste dürfte der von Alexander von Humboldt befahrene Orinoko in Südamerika sein, der ein Viertel seines Wassers in das Flusssystem des Rio Negro verliert, obwohl es eine Wasserscheide zwischen beiden Flusssystemen gibt. Das Phänomen der Bifurkation tritt nur dann auf, wenn die Flüsse Ebenen durchfließen, sodass die Wasserscheiden entsprechend schwach ausgeprägt sind.

Der Test ist ganz simpel: Können die Sätze wahr oder falsch sein?
Wenn ja, sind es Aussagen, wenn nicht, dann nicht.

Hier die Lösungen:

1. »Hau ab, du Blödmann!«
   Das ist zwar ein Satz, kann aber nicht wahr oder falsch sein. Also
ist dieser Satz keine Aussage. Der Satz drückt eine Aufforderung aus.
Und Aufforderungen sind nicht wahr oder falsch und mithin keine
Aussagen.

2. »Wo geht es zum besten Eiscafé der Stadt?«
   Fragen sind ebenfalls weder wahr noch falsch. Also sind auch sie
keine Aussagen.

3. »Hiermit eröffne ich die Sitzung und erteile Doktor Stuckenbrock
das Wort!«
   Auch das dritte Beispiel ist kein Satz, der wahr oder falsch sein
kann. Also ist dieser Satz keine Aussage. Hier haben wir es mit einer
Sprachhandlung zu tun: Indem der Satz geäußert wird, wird die Sitzung eröffnet.

Beispiele für Aussagen, also Sätze, die wahr oder falsch sind, sind
hingegen die Sätze 4–6:

4. »Es regnet.«
5. »Goethe ist ein Klassiker.«
6. »Dein Fahrrad wird nass.«

Die können alle drei wahr oder falsch sein. Der Satz (4) ist wahr,
wenn es wirklich regnet, und wenn es nicht regnet, ist er falsch. Der
Satz (5) ist wahr, wenn Goethe ein Klassiker ist. Und der Satz (6) ist
genau dann wahr, wenn das Fahrrad derjenigen Person, die mit »du«
bezeichnet wurde, zum Zeitpunkt der Äußerung des Satzes nass wird.
Ansonsten ist der Satz falsch.
   Wir haben es hier also mit drei Aussagen zu tun.

Formulieren Sie Ihre These möglichst als Aussage. Denn dann ist (auch für Sie selbst) erkennbar, was genau Sie für wahr oder falsch halten. Und dann können Sie auch ermessen, welche Beweislast Sie sich mit Ihrer Meinung aufhalsen. Wenn Sie zum Beispiel die (falsche) Meinung vertreten, dass alle Südeuropäer faul seien, dann sollten Sie diese These auch als Aussage formulieren können:

»Alle Südeuropäer sind faul.«

Jetzt ist auch die Beweislast erkennbar: Sie müssen, wenn Sie diese These beweisen wollen, *jeden* Südeuropäer auf Faulheit überprüfen.

Ihre Gegner, zu denen ich mich in diesem Fall selbstverständlich zähle, haben es viel leichter. Es reicht, einen einzigen Südeuropäer vorzuführen, der nicht faul ist, um Ihre These zu widerlegen. Damit hier nichts Falsches stehen bleibt: Margarita ist Südeuropäerin und ausgesprochen fleißig. Somit wäre Ihre Meinung schon widerlegt. Es stimmt vielmehr das Gegenteil:

»Es ist nicht der Fall, dass alle Südeuropäer faul sind.«

Diskussion zu Ende. Die Beweislast, die Sie sich mit der »Alle Südeuropäer sind faul«-These aufgehalst haben, war viel zu groß.

Ich fasse das bisher Gesagte zusammen:

Formulieren Sie Ihre *Meinung* als *These*. Eine These sollte die Form einer *Aussage* haben. Machen Sie sich klar, ob Sie *wissen* oder *meinen*, dass es sich so verhält, wie Sie mit Ihrer These *behaupten*.

Mit dem letzten Satz der Zusammenfassung bin ich über das bisher Gesagte hinausgegangen. Ich habe gesagt, dass Sie in einer Diskussion etwas *behaupten*. Dieser letzte Schritt fehlte noch, um eine These als solche, wie sie in Diskussionen benutzt wird, perfekt zu machen: die Behauptung.

Grundsätzlich können Sie Thesen auf zweierlei Weise aufstellen. Mit behauptender Kraft, dann ist die These eine Behauptung und Sie stehen für die Wahrheit der These gerade. Oder ohne behauptende

Kraft, dann ist es eine Hypothese, Sie stehen nicht für ihre Wahrheit ein und behaupten gar nichts.[3]

Ob Sie Ihre These behaupten wollen oder nicht, müssen Sie Ihrem Zuhörer mitteilen. In der Regel gehen wir davon aus, dass Sie sie behaupten. Im Deutschen kann man Behauptungsausdrücke daher meist weglassen. Wenn Peter sagt: »Es regnet«, dann verstehen wir das als eine Behauptung. Er muss das nicht explizit machen, indem er sagt: »Ich behaupte, dass es regnet.« Anders aber, wenn er die These, dass es regnet, rein hypothetisch ohne behauptende Kraft äußern will. Dann muss Peter das durch Wendungen wie »Nehmen wir mal an, dass es regnet« oder »Wäre es nicht denkbar, dass es regnet« anzeigen.

In der Regel werden Sie für Thesen argumentieren, die Sie behaupten. Die behauptete These können Sie selbst nun für wahr oder für falsch halten und das macht die Sache mal wieder etwas verzwickter.

Als Normalfall betrachten wir den Fall, in dem derjenige, der etwas behauptet, auch von der Richtigkeit seiner Behauptung überzeugt ist. Ansonsten haben wir, wenn wir denn herausfinden, dass der Sprecher seine Behauptung selbst für falsch hält, das Gefühl, einem Betrüger gegenüberzustehen. Der Fall kommt vor. Denken Sie nur an die armen Minister, die zur Rettung des Koalitionsfriedens in den Parlamenten für Gesetzesvorhaben argumentieren, an deren Sinn und Zweck sie bekanntermaßen ihre Zweifel haben. Aber so ein Verhalten ist die Ausnahme – und es hat fatale Folgen für die Glaubwürdigkeit des betreffendes Ministers oder der betreffenden Ministerin.

Aber ganz gleich, ob Sie an das glauben, was Sie behaupten, oder nicht: Wenn Sie etwas behaupten, dann formulieren Sie nicht nur eine These, sondern Sie sagen auch, dass es sich so verhält. Damit handeln Sie sich eine kommunikative Bringschuld ein. Wer etwas

---

3 Diese Terminologie stammt von dem Begründer der formalen Logik: Gottlob Frege (1848–1925). Er unterscheidet drei Momente eines Behauptungssatzes sehr genau: »Wir unterscheiden demnach 1. das Fassen des Gedankens – das Denken, 2. die Anerkennung der Wahrheit eines Gedankens – das Urteilen, 3. die Kundgebung dieses Urteils – das Behaupten.« (Frege: »Der Gedanke«, S. 62.)

behauptet, muss den Beweis der Wahrheit der behaupteten Aussage parat haben. Und da beginnt der Streit an Fahrt zu gewinnen.

Nehmen wir an, dass Sie Ihre Meinung als saubere These in Form einer Aussage formuliert und im Brustton der Überzeugung behauptet haben. Zum Beispiel:

These: »Wir sollten die Produktion ankurbeln.«

Um nun Ihre stupiden Mitarbeiter von der Richtigkeit dieser These zu überzeugen, müssen Sie diese These begründen.

Müssen Sie wirklich? Nein, natürlich nicht. Sie können die Zustimmung Ihrer Zuhörer auch mit anderen Mittel erwirken: Das Einlullen, Anschreien, Zulabern, Androhen von Folter oder offene Erpressung können ebenfalls zur Zustimmung zu Ihrer These führen. Aber diese Methoden gehören gerade *nicht* zu dem, was wir »Argumentation« nennen.

Kommen wir zurück zum argumentativen Versuch, Zustimmung zur These zu erlangen. Wie gesagt, Sie haben etwas behauptet, also haben Sie sich eine kommunikative Bringschuld eingehandelt: Sie müssen die Wahrheit der behaupteten These nachweisen.

Dass das in Argumentationen so ist, können wir am folgenden kleinen Behauptungsdialog erkennen, in dem diese Bringschuld nicht erbracht wird:

Hansi und Ute im Kindergarten
Hansi: »Du stinkst!«
Ute: »Selber!«
Hansi: »Du aber mehr!«
Ute: »Selber mehr!«
Hansi: »Nein!«
Ute: »Doch!«
Hansi: »Nein!«
Ute: »Doch!«

In diesem Negativ-Beispiel wird *nicht* argumentiert. Hansi stellt zwei Behauptungen auf. Ute stellt zwei Behauptungen auf. Ute widerspricht

Hansi noch nicht mal richtig[4], und Hansi begründet die erste Behauptung nicht mit irgendwelchen Argumenten. Er löst seine Bringschuld nicht ein. Der sich anschließende Nein-Doch-Dialog ist die kommunikative Sackgasse, in der die beiden landen. Kindergarten eben.

Aber Kindergarten ist nicht auf Kindergärten beschränkt. Selbst hochdekorierte Autoren wie der Büchner-Preisträger Martin Mosebach verhalten sich ähnlich, indem sie nur noch Behauptungen aneinanderreihen und nichts von dem, was sie behaupten, begründen. So sagte Martin Mosebach in einem Interview mit der Zeitung DIE WELT:

WELT: »Laut der Studie ist Ostdeutschland die atheistischste Region der Welt. Ist das eigentlich schlimm?«

MOSEBACH: »Für Christen ist es immer schlimm, wenn Menschen die Verbindung zu Christus verlieren. Weil sie davon überzeugt sind, dass diese Verbindung die Fähigkeit, Mensch zu sein, erst zur Vollendung bringt. Diejenigen, die religiös unmusikalisch sind – wie man das heute so flott formuliert –, sind in ihrer Vollausbildung als Menschen beeinträchtigt. Unglaube ist ein Mangel. Ein Leben in völliger Abkehr von Gott ist eine reduzierte Existenz. Die seelische und auch die rationale Fülle des Menschseins ist dann nicht gegeben, wenn die Verbindung zum Schöpfer verödet ist.«[5]

Ich will diesen Wortbeitrag von Herrn Mosebach kurz unter die argumentationstheoretische Lupe nehmen. Er stellt in seiner Antwort auf die Frage eine These auf. Die These lautet:

These 1: »Für Christen ist es immer schlimm, wenn Menschen die Verbindung zu Christus verlieren.«

Was er als Begründung für diese These liefert, ist eine weitere These, eine zweite Behauptung:

---

4 Über die richtige Art zu widersprechen sage ich mehr in Kapitel 3.1: »Widersprechen. Aber richtig!«

5 Martin Mosebach im Interview mit der WELT vom 21.4.2012, vgl. www.welt.de/print/die_welt/kultur/article106210384/Unglaube-ist-ein-Mangel.html

Begründung: »Weil sie davon überzeugt sind, dass diese Verbindung die Fähigkeit, Mensch zu sein, erst zur Vollendung bringt.«

Nehmen wir einmal an, dass diese Begründung als Begründung der These 1 hinhauen würde – was sie nicht so recht tut, denn warum ist es schlimm, wenn ein Mensch unvollendet bleibt? Dazu müsste Mosebach eigentlich noch etwas sagen, was ihm aber sicherlich leicht fallen würde. Die zweite These, die in dieser Begründung steckt, lautet:

These 2: »Erst die Verbindung zu Christus bringt die Fähigkeit, Mensch zu sein, zur Vollendung.«

Diese These ist ein starkes Stück. Denn sie spricht ja allen, die nicht an Christus glauben (Moslems, Juden, Hindus, Atheisten usw. usf.) irgendwie ab, Menschen im Vollsinn des Wortes zu sein. Wobei Mosebach vermutlich noch sagen würde, dass die Nicht-Atheisten (Moslems, Juden, Hindus und so weiter) immerhin noch »religiös musikalisch« seien, mithin nimmt er eine Gruppe von Nicht-Christen dann doch wieder aus seiner Kritik aus; er scheint nur den unreligiösen Menschen das volle Mensch-sein absprechen zu wollen. Wie begründet nun Mosebach diese zweite Behauptung? Die Antwort ist: Überhaupt nicht. Er wiederholt nur die Behauptung in anderen Formulierungen und gerät somit in den kommunikativen Kindergarten:

2. Formulierung der 2. These: »Diejenigen, die religiös unmusikalisch sind – wie man das heute so flott formuliert –, sind in ihrer Vollausbildung als Menschen beeinträchtigt.«

3. Formulierung der 2. These: »Unglaube ist ein Mangel.«

4. Formulierung der 2. These: »Ein Leben in völliger Abkehr von Gott ist eine reduzierte Existenz.«

5. Formulierung der 2. These: »Die seelische und auch die rationale Fülle des Menschseins ist dann nicht gegeben, wenn die Verbindung zum Schöpfer verödet ist.«

Dass es sich hier nur um Varianten derselben Behauptung handelt,[6] kann man noch deutlicher sehen, wenn wir ein nicht so emotional und assoziativ aufgeladenes Thema wie Mensch und Gott nehmen, sondern ein ganz unaufgeregtes Thema, sagen wir: Eimer und Henkel.[7]

EIMER-These: »Ein Eimer ohne Henkel ist kein Eimer im Vollsinn des Wortes.«

Die These halte ich zwar für falsch (denken Sie nur an Ihren Papierkorb oder andere Müllbehälter, die meist ohne Henkel auskommen und dennoch wunderbare Eimer sein können), aber sei's drum. Eine denkbare Begründung der EIMER-These wäre zum Beispiel:

1. Sprachliche Begründung: Das, was wir »Eimer« nennen, hat einen Henkel. Fehlt der Henkel, nennen wir es »Topf« oder »Vase«.

Vergleichbare Begründungsversuche unternimmt Mosebach aber nicht. Er wiederholt nur seine These in Variationen. Auf das Eimer-Beispiel übertragen lauten diese Variationen:

»Die Eimer, die henkel-mäßig unmusikalisch sind – wie man das heute so flott formuliert –, sind in ihrer Vollausbildung als Eimer beeinträchtigt.«

»Henkellosigkeit ist ein Mangel.«

---

6 Satz 5 ist etwas mehr als eine reine, inhaltsgleiche Variation. Dieser Satz formuliert eine verschärfte Variation der ersten Formulierungen, da Mosebach hier den Nicht-Christen nicht nur das Mensch-sein, sondern sogar nicht näher bestimmte Teile ihrer »Seele« und auch der Vernunft (Rationalität) abspricht. Da ich aber davon ausgehe, dass für Mosebach Mensch-sein vor allem heißt, beseelt und vernunftbegabt zu sein, fürchte ich, dass auch diese Verschärfung wieder nur eine Variante ist. Jedenfalls liefert auch Satz 5 keine *Begründung* für die vorherigen Versionen dieser Behauptung. Daher zähle ich ihn hier mit zu den Varianten.

7 Hier geht es nur um die Struktur der Mosebach'schen Behauptungen. Ich vergleiche im Folgenden *nicht* die Menschheit mit Eimern und Gott mit dem Henkel!

»Ein Eimer in völliger Abkehr von Henkeln ist eine reduzierte Eimer-Existenz.«

»Die funktionale Fülle des Eimer-Seins ist dann nicht gegeben, wenn die Verbindung zum Henkel verödet ist.«

Was ja nicht mehr besagt als eben die falsche EIMER-These. Nämlich: Ein Eimer ohne Henkel ist kein Eimer. Aber nun genug der Mosebach-Schelte. Argumentativ ist der Begründungsversuch seiner These jedenfalls … im Eimer. Verlassen wir nun den kommunikativen Kindergarten, in dem nur Behauptung an Behauptung gereiht wird, und wenden uns wieder echten Argumentationen zu.

In einer Argumentation werden Thesen *begründet*, indem Aussagen genannt werden, die die Wahrheit der These *nachweisen* sollen.

Das ist etwas abstrakt ausgedrückt. Da ich Hegels Meinung »Abstrakt lernt man denken durch abstraktes Denken« für den wohl größten didaktischen Irrtum halte, dem je ein Philosoph aufgesessen ist, hier eine konkretere Hinführung.

Zunächst zwei Begriffserklärungen:

Als *Argument* bezeichne ich eine Aussage, die ein Sprecher mit dem Ziel äußert, eine These zu begründen.

Als *Argumentation* bezeichne ich die Summe der Argumente, mit denen ein Sprecher eine These begründen will.

Auch das klingt noch recht trocken. Betrachten wir die verschiedenen Punkte dieser Begriffsbestimmung etwas genauer.

1. Sprachliche Form: Argumente sind Aussagen

Von ihrer sprachlichen Form her sind Argumente genau wie die Thesen Aussagen, also Sätze, die wahr oder falsch sein können. Sie können einem Satz also nicht ansehen, ob er eine These oder ein Argument ist.

2. Was macht aus einer Aussage ein Argument?

Nehmen wir die Aussage »Goethe ist ein Klassiker«. Sie muss nicht unbedingt ein Argument sein. Ob etwas ein Argument ist oder nicht, hängt davon ab, wie der Sprecher und die Sprecherin diese Aussage gebrauchen.

Oberstudienrat Ernst (verknittert wie immer): »Wie heißt die Geliebte von Werther?«

Jacqueline (dümmlich wie immer): »Ich weiß nicht.«

Oberstudienrat Ernst (aufbrausend): »Was? Du kennst den *Werther* nicht? Goethe ist ein Klassiker!«

Hier wird die Aussage »Goethe ist ein Klassiker« als *Vorwurf* gebraucht, nicht als Argument.

Dabei ist Oberstudienrat Ernst seiner Sache noch vor ein paar Semestern selbst nicht ganz so sicher gewesen, als Professor Habicht die Klausuraufgabe stellte:

»Goethe ist ein Klassiker. Begründen Sie diese These!«

In diesem Fall wird die Aussage als *These*, als zu begründender Satz gebraucht, nicht als Argument.

Als Argument wird die Aussage nur dann gebraucht, wenn der Sprecher mit ihr eine andere Aussage *begründet*. Zum Beispiel bei der Frage, warum man Goethe überhaupt noch an germanistischen Seminaren lesen und unterrichten sollte. Darauf erklärt Professor Habicht seinen Kollegen: »Goethe ist ein Klassiker.«

Das ist etwas verkürzt. Genauer ausbuchstabiert argumentiert Professor Habicht:

»Unsere Studenten können später nur weitergeben, was wir ihnen beigebracht haben. Das Oberschulamt wird niemals einen Klassiker vom Lehrplan streichen. Goethe ist ein Klassiker. Also werden unsere Studenten später Goethe unterrichten. Deshalb sollten wir Goethe weiter unterrichten.«

Diese Argumentation ist nach den Regeln der formalen Logik gültig. Und dennoch falsch. Was genau bei dieser Argumentation problematisch ist, werden wir gleich sehen. Hier geht es mir zunächst darum zu zeigen, was aus einer Aussage ein Argument macht: Eine Aussage, die wahr oder falsch ist, wird als *Argument* gebraucht, wenn der Sprecher mit ihr eine These begründet oder (im Verband mit anderen Aussagen) mitbegründet.

Auf den ersten Blick mag es nun so aussehen, als würde allein die Sprecherin oder der Sprecher darüber die Macht haben, ob etwas ein Argument für etwas ist oder nicht. Nun haben wir ja aber Fälle wie den kommunikativen Kindergarten und Martin Mosebach. Ich habe oben gesagt, dass die Mosebach'schen Begründungsversuche gescheitert seien. Wenn also beim Argumentieren etwas so grundsätzlich schiefgehen kann, dann ist ein »Argument« offenbar eine Verwendung eines Satzes, die von einem (wie auch immer messbaren) Erfolg abhängt. Das will ich kurz näher erläutern.

Wir sagen manchmal: »Das ist doch kein Argument!«

Damit kann zweierlei gemeint sein und es lohnt sich, diese Fälle zu unterscheiden. Es kann sein, dass wir einen Mosebach'schen Fall haben: Wer einfach nur dieselben Thesen in variierten Formulierungen wiederholt, der begründet diese Thesen nicht. Auch wer irrelevantes Zeug labert, begründet seine These nicht. Und das gilt sogar dann, wenn derjenige das *Gefühl* hat, seine These so zu begründen.

Dass jemand eine These begründen *will*, heißt noch nicht, dass ihm das auch gelingt. Dass jemand den Basketballkorb mit dem Ball treffen will, heißt ja auch nicht, dass ihm das gelingt.

Ich unterscheide daher drei Fälle:
1. gültige (oder stichhaltige oder überzeugende) Argumente,
2. ungültige (oder nicht stichhaltige oder nicht überzeugende) Argumente,
3. missratene Versuche, ein Argument zu formulieren (»kein Argument«).

Mosebachs Äußerungen gehören in die 3. Kategorie. Fall 2, also nicht überzeugende Argumente, sind Begründungen, die zwar stichhaltig *wären*, wenn die in ihnen vorkommenden Aussagen wahr und logisch schlüssig wären, die aber leider *de facto* falsch oder nicht schlüssig sind. Diese aufzuspüren, ist eine Hauptaufgabe in einer Diskussion und das ist kein leichtes Unterfangen. Fall 1 schließlich erklärt sich von selbst.

Fall 3 wird uns in späteren Kapiteln wiederbegegnen; im Augenblick aber wollen wir die Fälle 1 und 2 betrachten, in denen es dem Sprecher oder der Sprecherin immerhin gelingt, eine Aussage zu formulieren, die, wenn sie wahr und logisch schlüssig ist, als Begründung für die These dienen kann.

Wir wissen jetzt, was ich »Argumentation« (die Begründung einer These) und was ich »Argument« (*ein* Grund im Rahmen der Argumentation) nenne.

Das Prinzip, nach dem eine Argumentation aufgebaut wird, ist demnach denkbar simpel: Sie müssen versuchen, Ihre These mit Argumenten, die selbst stichhaltig sind, zu begründen. Stichhaltig sind Ihre Argumente, wenn sie erstens wahr sind und zweitens zusammengenommen die Beweislast der These schultern.

Es gibt ein unglaublich zuverlässiges und robustes Werkzeug, das Beweislasten ermitteln und bewerten kann: die formale Logik. Das ist sozusagen die Brechstange, mit der Sie jede Argumentation auf ihre Stabilität hin prüfen können.

Formale Logik ist eine Art Rechensystem, ähnlich wie die Mathematik. Nur »rechnet« man in der Logik nicht mit Zahlen, Variablen für Zahlen und Rechenzeichen, sondern mit Sätzen, Variablen für Sätze, Zeichen, mit denen einfache Sätze zu komplexen Sätzen verknüpft werden können (wie »und«, »oder«, »wenn …, dann …«), und Wahrheitswerten. Wahrheitswerte sind die Werte, die in der Logik Sätzen zugeordnet werden. Für unsere Zwecke reichen da zwei Stück, nämlich der Wahrheitswert »wahr« und der Wahrheitswert »falsch«.

Sie können sich die formale Logik wie eine Kaffeemühle vorstellen: Nur kommen oben keine Kaffeebohnen rein, sondern Aussagen. Unten kommt auch kein Kaffeepulver raus, sondern ein Wahrheitswert (entweder »wahr« oder »falsch«). Wenn wir eine Argumentation darauf prüfen wollen, unter welchen Umständen sie wahr ist, können wir sie durch die Mühle der Logik drehen.[8]

---

8 Nun ist auch klar, inwiefern es, wie ich zu Beginn des Kapitels gesagt habe, praktisch ist, wenn die Sätze, die wir in unseren Argumentationen verwenden, alle wahr oder falsch sein können: Dann können wir sie nämlich durch unsere Logik-Mühle drehen.

Denn eine Argumentation, die aus Aussagen aufgebaut ist, ähnelt einem logischen Schluss zumindest auf den ersten Blick aufs Haar: Bei einer Argumentation soll eine These durch Argumente begründet werden. Bei einem logischen Schluss wird aus Voraussetzungen, den sogenannten *Prämissen*, eine Folgerung, die sogenannte *Konklusion*, gezogen oder abgeleitet. Auf den zweiten Blick gibt es auch noch Unterschiede zwischen Alltags-Argumentationen und logischen Ableitungen. Auf diesen Punkt werde ich am Schluss dieses Abschnitts zurückkommen. Für hier und jetzt sei aber gesagt: Wenn Sie in Ihrer Argumentation die Regeln der Logik beachten, machen Sie sie weniger angreifbar. Sprich: Mit den Regeln der Logik sind Sie auf der sicheren Seite.

Ich will jetzt aber nicht in die formale Logik einführen – das würde den Rahmen dieses Buches sprengen und ich hätte kaum eine Chance, mein Versprechen, dass es nicht zu trocken wird, zu halten. Denn formale Logik ist trocken. Staubtrocken und völlig emotionslos. Soll sie auch sein. Sie soll uns ja gerade dabei helfen, rational vorzugehen. Dass Logik so trocken ist, macht also nichts und wird Sie vermutlich auch nicht erstaunen. Sie erwarten ja auch nicht, dass Sie das kleine Einmaleins in Verzückung versetzt. Ich erspare Ihnen eine Einführung in die formale Logik. Aber eine Ahnung davon, was Logik ist und kann, sollten Sie im Rest des Kapitels eben doch erhaschen.

Logische Schlüsse haben immer dieselbe Form: Aus Voraussetzungen (den Prämissen) und den Schlussregeln wird ein Schluss (die Konklusion) gezogen.

Wenn der Hahn kräht auf dem Mist, bleibt das Wetter, wie es ist.	*1. Prämisse*
Der Hahn kräht auf dem Mist.	*2. Prämisse*
Also bleibt das Wetter wie es ist.	*Konklusion*

Wichtig ist nun, sich klarzumachen, was die formale Logik leistet. Die Logik sagt uns nie, ob die Voraussetzungen wahr oder ob sie falsch sind. Das müssen wir schon selbst erledigen. Zur Wahrheitsfindung dienen zum Beispiel das Nachrechnen, die Beobachtung und empirische Forschung oder auch die Schlussfolgerung aus weiteren, als wahr anerkannten Voraussetzungen. Die Logik kann uns aber sagen, ob die Konklusion nach den Regeln der Logik aus den Prämissen folgt oder nicht. Wenn die Konklusion folgt, dann nennen wir die Folgerung *logisch schlüssig* oder wir sagen, dass die Konklusion aus den Prämissen logisch *folgt*. Auf die Argumentation für eine These bezogen heißt das: Die Logik kann uns zeigen, ob die Beweislast, die die These aufwirft, von den Argumenten getragen wird. Und das bedeutet: Mit der Logik kriegen Sie raus, wie groß Ihre kommunikative Bringschuld überhaupt ist.

Der obige Hahn-Schluss zeigt das ganz gut: Der Schluss ist gültig. Aber Vorsicht: Das ist nur die halbe Miete! Denn dass das Wetter bleibt, wie es ist, stimmt nur, wenn die Voraussetzungen wahr sind *und* korrekt geschlossen wurde. Die erste Prämisse »Wenn der Hahn kräht auf dem Mist, bleibt das Wetter, wie es ist« ist aber falsch. Das Krähverhalten der Hähne steht nicht in dem behaupteten Verhältnis zur Großwetterlage. Und deshalb geht auch der ganze Schluss in die Hose.

Allgemein betrachtet gibt es fünf Möglichkeiten, wie Sie sich mit einer logischen Ableitung schlagen können:

1. Wenn Sie aus wahren Prämissen korrekt auf eine wahre Konklusion schließen, haben Sie schon gewonnen. In diesem Fall ist die Konklusion als bewiesen anzusehen.

Ein Beispiel:

Alle Elefanten sind Dickhäuter.	*1. Prämisse*
Benjamin ist ein Elefant.	*2. Prämisse*
Also ist Benjamin ein Dickhäuter.	*Konklusion*

Drehen wir das Spiel nun herum, und Sie erhalten eine absolut wasserdichte Argumentation.

These: Benjamin ist ein Dickhäuter.

Begründung: Alle Elefanten sind Dickhäuter, und Benjamin ist ein Elefant.

Wenn es doch immer so einfach wäre! Aber der Teufel steckt ja bekanntlich im Detail … Und es kann eine Menge schiefgehen. Betrachten wir die folgenden vier Arten, mit einer Argumentation zu scheitern.

2. Sie können zwar logisch richtig schließen, aber es können die Prämissen falsch sein und die Konklusion auch.

Das ist der Fall beim Hahn auf dem Mist, wenn sich das Wetter eben doch ändert. Nun könnte es aber auch sein, dass sich das Wetter nicht ändert und der Hahn auf dem Mist kräht. Die erste Prämisse ist dann zwar noch immer falsch, weil es den behaupteten Zusammenhang zwischen Hahn und Wetterlage nicht gibt. Aber die Konklusion wäre eben zufälligerweise wahr. Wir müssen also auch noch mit dem dritten Fall rechnen:

3. Sie können aus falschen Prämissen korrekt auf eine zufälligerweise wahre Konklusion schließen.

In diesem Fall ist Ihre Argumentation leider *nicht* stichhaltig, *obwohl die These wahr ist*. Die Argumente haben die Beweislast nicht geschultert – die These ist aus anderen als den von Ihnen angeführten Gründen wahr. Kleiner Trost: Immerhin haben Sie in diesem Fall eine wahre Meinung vertreten … Nur Ihre kommunikative Bringschuld, die haben Sie nicht beglichen.

Es ist eine vierte Variante denkbar, die ebenfalls ein Scheitern beschreibt:

4. Sie können aus wahren Prämissen falsch auf eine falsche Konklusion schließen.

Man nennt das auch »Denkfehler«. Das passiert, wenn jemand zu einem falschen Ergebnis kommt, obwohl die Voraussetzungen in Ordnung sind. Hier ein Beispiel für eine solche Argumentation.

Karl verdächtigt Raschid, die Kasse geklaut zu haben.

Karl: »Raschid ist ein Dieb!«

Mechthild: »Warum Raschid?«

Karl: »Raschid ist der einzige Ausländer hier. Und es gibt einige Ausländer, die klauen!«

Wie gesagt, die Argumente halte ich für wahr – aber keine Angst, ich bin kein Rassist. Und Raschid ist unschuldig. Hier die logische Struktur von Karls Argumentation:

Einige Ausländer sind Diebe.	*1. Prämisse*
Raschid ist der einzige Ausländer am Tatort.	*2. Prämisse*
*Also ist Raschid ein Dieb.	*Konklusion*

Ich markiere die Stelle, an der der Fehler passiert ist, mit dem Sternchen. Das Problem ist in diesem Fall, dass die erste Prämisse zwar wahr ist (das sagt uns die Kriminalitätsstatistik), aber sie beweist nicht so viel, wie sie an dieser Stelle beweisen soll. Damit die Konklusion aus den Prämissen 1 und 2 folgt, müsste die Prämisse 1 lauten:

*Alle Ausländer sind Diebe.

Wenn dem so wäre, dann würde daraus, dass Raschid Ausländer ist, folgen, dass er ein Dieb ist. Nun ist es aber offensichtlich falsch und extrem leicht durch Beobachtung zu widerlegen, dass alle Ausländer Diebe seien. Um zu beweisen, dass der Satz »Alle Ausländer sind Diebe« falsch ist, reicht es ja, einen einzigen Menschen zu finden, der nicht die deutsche Staatsangehörigkeit hat und kein Dieb ist – das wird nicht sehr schwerfallen. Aus falschen Prämissen, das hatten wir ja schon am Fall mit dem Hahn und dem Mist gesehen, kann man zwar alles Mögliche korrekt folgern, aber leider nichts beweisen.

Möglich ist auch ein weiterer Fall, in dem etwas schiefgeht, es ist sozusagen die Wahrheit des Schlafwandlers:

5. Es ist möglich, aus wahren Prämissen gegen die Regeln der Logik zu einer wahren Konklusion zu gelangen.

Einige leibliche Mütter haben mindestens ein Kind geboren.	*1. Prämisse*
Ute ist eine leibliche Mutter.	*2. Prämisse*
Also hat Ute mindestens ein Kind geboren.	*Konklusion*

Logisch betrachtet folgt die Konklusion wiederum nicht aus den Prämissen. Aber die Konklusion ist wahr und die Prämissen sind wahr. Damit die Konklusion aus den beiden Prämissen folgt, müsste die erste Prämisse aber heißen:

»*Alle* leiblichen Mütter haben mindestens ein Kind geboren.«

Diese Prämisse wäre auch wahr. Aber in unserer Argumentation taucht sie eben nicht auf. Daher ist der Schluss nicht gültig, obwohl die Prämissen wahr sind und die Konklusion auch. Das, was in den Prämissen ausgesagt wird, muss eben die Beweiskraft haben, um die Konklusion voll abzudecken. Wahrheit allein reicht nicht aus. Sonst könnte man ja auch schließen:

Einige irische Schriftsteller haben dicke Bücher geschrieben.	*1. Prämisse*
Goethe hatte kein Auto.	*2. Prämisse*
*Also hat Bertrand Russell häufiger geheiratet als Wittgenstein.	*Konklusion?*

Dass Russell häufiger geheiratet hat als Wittgenstein ist zwar wahr, folgt aber nicht aus den beiden angegebenen Prämissen. Die drei Sätze sind zwar wahr, aber sie haben inhaltlich keine Verbindung miteinander. Die aber muss gegeben sein, damit man von Voraussetzungen überhaupt auf eine Folgerung schließen kann; oder andersherum gesagt: Damit Argumente eine These begründen können, müssen sie inhaltlich mit der These zusammenhängen und das begründen, was in der These behauptet wurde.

Aus allem, was wir bisher gesagt haben, folgt: Wenn uns eine Argumentation seltsam vorkommt, wenn wir Zweifel an der Korrektheit einer Argumentation haben, dann sollten wir einerseits prüfen, ob etwas mit der Logik nicht stimmt, und andererseits die Voraussetzungen (Prämissen) genau unter die Lupe nehmen. Unter den Voraussetzungen oder Prämissen werden wir auch die Argumente wiederfinden. Sie sind die Begründungen, die für eine These angegeben werden.

Und positiv gewendet: Wenn Sie Ihre Argumentation aufbauen, behaupten Sie nur so viel, wie Sie unbedingt behaupten müssen! So halten Sie die Beweislast klein. Ansonsten handeln Sie sich eine Bringschuld ein, die Sie Kopf und Kragen kosten kann.

Ich will nun mein Versprechen einlösen, das ich oben gegeben hatte, als ich sagte, das Verhältnis von Logik und Argumentation sei auf den zweiten Blick vielleicht doch nicht so simpel, wie es auf den ersten Blick scheint. Ich habe ja bereits in der Einleitung darauf hingewiesen, dass wir in unterschiedlichen Lebenszusammenhängen mit unterschiedlichen Zielen argumentieren. Wenn ich die Logik als das formale Gerüst darstelle, das jeder Argumentation zugrunde liegt, dann ist das streng genommen falsch.[9] Denn es gibt in unseren Alltags-Diskussionen eine ganze Reihe von Argumentationsfiguren, die wir zwar als zulässig akzeptieren, die es aber nach den strengen Regeln der Logik nicht sind. (Einige werden wir später kennenlernen.) Um hier ein Beispiel zu geben: Stellen Sie sich vor, die Sohle Ihrer neuen Schuhe fällt am ersten Tag, an dem Sie sie tragen, ab. Wenn Sie nun diese Ware im Schuhladen reklamieren wollen, müssen Sie nicht unbedingt mit einer logischen Ableitung und wissenschaftlich fundierten Beweisen für Ihre These argumentieren, dass Sie ein Reklamationsrecht haben. Im Gegenteil wird die Schuhverkäuferin vermutlich ziemlich verdutzt aus der Wäsche gucken, wenn Sie, bewaffnet mit Schuh, Rechnung, Logik und Gutachten in den Laden kommen und sagen:

---

9 Diese Beobachtung ist für Stephen E. Toulmins vielbeachtetes Buch *The Uses of Argument* der systematische Ausgangspunkt für neue Überlegungen zum Verhältnis von Alltagsargumentation und formaler Logik.

»Diesen Schuh habe ich vorgestern hier gekauft, was diese Rechnung mit Datum und Angabe der Ware stichhaltig beweist. Gestern ist die Sohle abgefallen, wovon Sie sich selbst durch einen Blick auf die in diesem Karton befindliche Ware überzeugen können. Die gesetzliche Mindestgewähr für Schuhe beträgt aber gemäß § 438 BGB zwei Jahre. Die auf diesem Tresen liegende Ware ist mangelhaft. Der Mangel hat schon beim Kauf bestanden: Der Kleber, der die Sohle halten sollte, war verharzt und nicht ausreichend getrocknet, wie die beiliegenden Gutachten des Labors Meyer-Schulze-Hollenstedt beweisen. Also haben wir es hier mit einer mangelhaften Sache zu tun, sodass § 438 BGB greift, und ich fordere daher gemäß BGB § 439 die Nacherfüllung in Form eines mangelfreien Paars dieser Schuhe oder ich trete vom Vertrag zurück und fordere somit die sofortige und vollständige Erstattung des Kaufpreises.«

Nein, so reden wir im Alltag nicht – auch wenn man bei stupiden Schuhverkäufern bisweilen Lust dazu hätte. Normalerweise reicht eine abgespeckte Version und der übliche Reklamationsdialog hört sich eher so an:

Käufer: »Ich will diese Schuhe reklamieren.«

Verkäufer: »Warum?«

Käufer: »Ich habe sie vorgestern hier gekauft und gestern ist die Sohle abgefallen.«

Verkäufer: »Haben Sie eine Quittung?«

Käufer: »Ja, hier.«

Verkäufer: »Wollen Sie Ihr Geld zurück oder sollen wir die Schuhe einschicken?«

Käufer: »Ich möchte mein Geld zurück.«

Die Einigkeit ist hier ohne logische Beweise hergestellt worden. Im Alltag argumentieren wir häufig nicht so strikt, wie es die Logik vorschreiben würde. Das ist völlig unproblematisch, solange es nicht um Leben und Tod geht, falls wir uns irren, und beide Seiten zufrieden sind. Im Fall des Schuhverkäufers: Kein Anwalt wird sich bei einem derart niedrigen Streitwert der Frage annehmen, ob die Schuhe tatsächlich schon vor dem Kauf mangelhaft waren, wie der Käufer behauptet. Es ist üblich, die Ware umzutauschen oder das Geld zurückzugeben. Auch wenn die Behauptung des Käufers, dass der Mangel schon vor dem Kauf bestand, weder juristisch noch wissenschaftlich und noch nicht mal logisch bewiesen ist. Das Leben ist einfach zu kurz, um bei solchen Kleinigkeiten auf logische Strenge zu bestehen. Das Schuh-Problem ist auch ohne Anwendung der strengen logischen Regeln gelöst.

Das ist in den Wissenschaften anders: Selbst wenn sich die sogenannte *Scientific Community* in einem bestimmten Punkt einig sein sollte, heißt das noch lange nicht, dass das entsprechende Erkenntnisproblem gelöst ist. Und es heißt noch nicht mal, dass nicht weiter geforscht wird. Ein Thema ist wissenschaftlich erst dann vollständig erforscht, wenn die Forscher die Wahrheit erkannt haben. Und das ist nicht unbedingt schon der Fall, wenn sich aktuell gerade alle oder die meisten in einer Frage einig sind. Es gab ja zum Beispiel Zeiten, in denen die *Scientific Community* sich darin einig war, dass die Sonne um die Erde kreise und die Erde im Zentrum des Universums stillstehe.

Aber auch außerhalb der Wissenschaften, in den Alltagsdiskussionen gilt: Wenn es hart auf hart kommt, müssen Sie für die Wahrheit Ihrer Behauptungen geradestehen. Wenn Ihre Argumentation den strengen formalen Kriterien der Logik entspricht, sind sie allemal auf der sicheren Seite.

Übung

Wenn Sie dieses Teilkapitel verstanden haben, dann können Sie sagen, woran Professor Habichts Argumentation von oben scheitert.

Die Lösung steht in der Fußnote.[10]

---

10 Lösung: Die erste Prämisse ist falsch: »Unsere Studenten können nur das wiedergeben, was wir ihnen beigebracht haben.« Das müssten ja ungeheuer dämliche Studenten sein! Selbstverständlich können die auch noch außerhalb der Seminare etwas über Goethe lernen und Goethe lesen und ihn ergo später unterrichten. Da diese Prämisse falsch ist, ist die ganze Argumentation nicht zwingend.

Versteckte Voraussetzungen

Bis hierher war es etwas technisch, und die Beispiel-Dialoge und Argumentationen wirkten irgendwie künstlich und simpel. So reden wir nicht. Wenn Sie mit Ihrer Schwiegermutter immer nur streiten, sollten Sie sich vielleicht einmal die Mühe machen, Ihre Thesen und die Argumente, die für sie sprechen, explizit aufzuschreiben. Dann werden Sie merken, was genau Sie eigentlich behaupten – und was Sie Ihrer Schwiegermutter unterstellen, das sie behaupte. Möglicherweise wird das schon reichen und heilsam für Ihre Beziehung sein. Doch im Alltagsgeschäft des Argumentierens haben wir es mit mündlichen Debatten zu tun. Und die klingen eher so:

Mutter: »Jetzt mach endlich deine Hausaufgaben!«
Sohn: »Yvonne macht ihre auch nie!«

Oder so:

Journalist: »Diese Fotos der sterbenden Lady Diana sind unterirdisch!«
Art Director: »Na und? Wenn wir sie nicht bringen, bringt sie die Konkurrenz.«

Ist das Argument des Sohnes gültig? Unter welchen Voraussetzungen? Das Argument des Art-Directors ist weit verbreitet. Aber ist es auch gültig? Mit dem, was ich bisher eingeführt habe, ist es noch nicht möglich, diese Argumentationen zu prüfen.

Der erste Dialog scheint auf den ersten Blick gar keine Argumentation zu sein. Die Mutter äußert einen Befehl. Das ist keine These, die zur Diskussion steht. Die Mutter formuliert ja gar keine Aussage. Der Sohn, der alte Schlaumeier, behandelt diesen Befehl aber einfach so, als stünde hier irgendetwas zur Debatte. Nun halte ich die Äußerung des Sohnes zwar für eine relativ faule Ausrede, aber nicht für eine grobe Verletzung jeglicher Kommunikationsregeln. Das, was der Sohn hier macht, ergibt irgendwie schon Sinn. Es ist sogar relativ vernünftig. Nur ist es trotzdem letztlich falsch.

Aber der Reihe nach.

Die erste Beobachtung lautet: Die Mutter äußert einen Befehl, der weder wahr noch falsch ist. Der Sohn reagiert darauf mit einer Aussage, die so, wie sie da steht, vermutlich falsch ist. Wir dürfen davon ausgehen, dass Yvonne die Schwester des Sohnes ist. Es ist ziemlich unwahrscheinlich, dass Yvonne ihre Hausaufgaben »nie« macht. Was der Sohn *meint*, ist nicht das, was er *sagt*. Er übertreibt. Die Übertreibung ist einer von vielen rhetorischen Tricks, der legitim ist, wenn für beide Gesprächspartner erkennbar ist, dass es sich um eine solche handelt. Nicht legitim ist die Übertreibung, wenn der Zuhörer keine Chance hat, sie als solche zu erkennen.

Hier aber halte ich sie für legitim.

Um die Legitimität zu prüfen, können wir einen kleinen Test machen: Wenn eine Übertreibung nicht legitim ist, dann kann der Gesprächspartner sie nicht als solche erkennen. Dann ist er seinerseits berechtigt, die Übertreibung für bare Münze zu nehmen. Die Mutter wäre dann zu folgender Reaktion berechtigt:

Mutter: »Stimmt doch gar nicht, letztes Jahr vor den Weihnachtsferien hat Yvonne ihre Hausgaben einmal gemacht.«

Mit dieser Reaktion wäre der Sohn selbstverständlich nicht einverstanden. Und die Reaktion kommt uns auch deshalb komisch vor, weil die Mutter nicht dazu berechtigt ist. Sie weiß, dass der Sohn übertreibt, und der Sohn weiß es auch.

Was also *meint* der Sohn? Er will der Mutter zu verstehen geben, dass seine Schwester ihre Hausaufgaben *häufiger* nicht macht. Inwiefern ist das eine adäquate Reaktion auf Mutters Befehl? Der Sohn tut hier sehr viel auf einmal und das ist typisch für unser mündliches Gesprächsverhalten. Mündlichkeit ist Kommunikation mit Schallgeschwindigkeit – da kommt das Denken kaum hinterher. Im Einzelnen macht der Sohn Folgendes:

1. Indem er auf den Befehl der Mutter mit einem Argument reagiert, tut er so, als wäre der Befehl auch eine Äußerung der Mutter, mit der sie nicht gesagt hätte, was sie *meinte*. Er macht aus dem Befehl eine These. Diese These lautet: »Ich, deine Mutter, bin der Meinung, dass du deine Hausaufgaben machen solltest.«

Wenn man diesen Schwenk vom Befehl zur These mitmacht, dann ergibt die Reaktion des Sohnes Sinn. Die Mutter kann nun zweierlei tun. Sie kann den Schwenk mitmachen und argumentativ gewinnen oder den Schwenk nicht mitmachen. Sie kann hier auf die Metaebene wechseln und die Diskussion verweigern:

Mutter: »Keine Diskussion. Die Hausaufgaben sind dran. Jetzt!«

Sie kann sich aber auch auf die Diskussion einlassen, denn das Argument des Sohnes ist denkbar schwach. Stellen wir uns also zu Übungszwecken eine gnädige und diskussionsfreudige Mutter vor, die den eben erwähnten Schwenk des Sohnes mitmacht. Die These, die nun zur Debatte steht, lautet:

Mutter-These: »Der Sohn sollte seine Hausaufgaben jetzt machen.«

Muss die Mutter diese These weiter begründen? Nein. Sie ist zwar nicht explizit begründet, aber unausgesprochen. Durch die Schule als Instanz, den Lehrer als Autoritätsperson, das allgemeine Schulwesen in Deutschland und so weiter. Es ist beiden Gesprächspartnern völlig klar, dass der Sohn in der Regel seine Hausaufgaben zu machen hat. Explizit könnte die Argumentation der Mutter ungefähr so lauten:

»Wenn dein Lehrer dir Hausaufgaben aufgibt, musst du sie auch machen. Dein Lehrer hat dir Hausaufgaben aufgegeben. Also musst du deine Hausaufgaben machen.«

Dass Mütter und Väter nur in extremen Ausnahmefällen so mit ihren Kindern diskutieren, liegt an einem Gesetz der Gesprächsökonomie: Wenn wir immer versuchen würden, *alle* Voraussetzungen einer These explizit zu nennen, kämen wir gar nicht dazu, die These zu formulieren. Damit es so schnell geht, wie es das mündliche Gespräch verlangt, müssen wir Punkte, die allen Gesprächspartnern sowieso klar sind, weglassen. Das birgt die Gefahr von Missverständnissen, aber wir haben keine andere Wahl. Wir können sozusagen nicht immer wieder bei Adam und Eva anfangen, wenn wir doch nur behaupten, dass Oma die Mama von Mama ist.

Eine grundsätzliche Verpflichtung, Hausaufgaben zu machen, scheint der Sohn auch zu akzeptieren. Denn er stellt hier nicht den Sinn und Zweck von Hausaufgaben oder die generelle Verpflichtung, sie auch zu erledigen, infrage. Er trickst, indem er versucht, die Hausaufgabenpflicht durch einen anderen ethischen Grundsatz auszuhebeln: den Grundsatz der Gleichbehandlung. Der Sohn pocht somit auf Gerechtigkeit.

Allerdings macht er nur den geringsten Teil davon explizit. Den Großteil seiner Argumentation muss (und kann) sich seine Mutter denken. Um nun aber zu prüfen, ob das Argument des Sohnes hinhaut oder nicht, ist es hilfreich, diese Voraussetzungen zu rekonstruieren.

Die Gegenthese, die der Sohn begründen will, lautet:

Sohn-These: »Es ist nicht der Fall, dass ich meine Hausaufgaben (jetzt) machen sollte.«

Seine Begründung lautet:

Sohn-Argument: »Yvonne macht ihre auch nicht (immer).«

Damit dieses Argument die These stützt, dass der Sohn nicht verpflichtet ist, seine Hausaufgaben zu machen, brauchen wir aber noch Zusatzprämissen. Dadurch wird die Argumentation zwar etwas länger, wir sehen dann aber auch klar, was der Sohn da eigentlich sagt.

| 1 | Alle Familienmitglieder sollten grundsätzlich gleich behandelt werden, wenn nichts Dringendes dagegen spricht. | *1. Prämisse* |
| 2 | Wenn Yvonne etwas darf, darf ich es auch, wenn nichts Dringendes dagegen spricht. | *Das folgt direkt aus der 1. Prämisse.* |

3	Was Yvonne tut, das darf sie auch.	2. Prämisse
4	Yvonne schwänzt manchmal ihre Hausaufgaben.	Beobachtung
5	Also darf auch ich meine Hausaufgaben manchmal schwänzen.	Folgt aus der 1. und der 2. Prämisse und der Beobachtung, die Satz 4 ausdrückt.

Das wäre eine Rekonstruktion der Argumentation des Sohnes, die nichts Wesentliches auslässt. Ich hatte gesagt, dass die Mutter sich getrost auf die Diskussion einlassen kann. Denn sie hat denkbar gute Karten, um aufzudecken, was diese Argumentation in Wahrheit ist: eine faule Ausrede. Sie muss nur die richtige Stelle erwischen, an der sie diese Argumentation angreifen kann. Gegen Prämisse 1 ist wohl kaum etwas zu sagen, sie ist zumindest in den meisten Familien als wahr zu betrachten. Vermeiden wir also lieber eine Debatte um den ethischen Grundsatz der Gleichbehandlung.

Offensichtlich falsch ist aber die zweite Prämisse (Satz 3). Wenn Yvonne keine Heilige ist, dann wird sie schon bei Rot über die Straße gegangen sein oder abgeschrieben haben. Vielleicht hat sie sogar schon mal geklaut oder ihre beste Freundin belogen. Ganz offensichtlich aber ist sie schon des Öfteren ihren schulischen Verpflichtungen nicht nachgekommen. Aber nur weil sie das *tut*, *darf* sie es ja noch lange nicht. Nur weil jemand gegen eine Regel verstoßen *kann*, heißt das nicht, dass diese Person auch gegen die Regel verstoßen *darf*. Das ist ja gerade der Witz bei Regeln, dass man gegen sie verstoßen kann, aber *nicht* darf. Regeln, gegen die man gar nicht verstoßen kann, braucht man nämlich nicht erst aufzustellen. Wir brauchen zum Beispiel keine Straßenverkehrsordnung, die den Verkehr auf der Sonne regelt. Da oben gilt nicht rechts vor links, weil wir eh nicht gegen diese Regel verstoßen können.

Da nun eine der Prämissen falsch ist, ist die ganze Argumentation im Eimer. Die Begründung, die der Sohn für seine These liefert, ist, was noch nicht mal ihn selbst überraschen wird, *nicht stichhaltig*.

Mit diesem Beispiel in dieser ausführlichen Analyse wollte ich zeigen, was in mündlicher Argumentation typischerweise passiert: Ein Teil der Argumente wird nicht explizit genannt, sondern implizit vorausgesetzt oder nur angedeutet. Es sind diese unausgesprochenen Voraussetzungen, die wir uns bewusst machen sollten, wenn wir eine Argumentation aufbauen, und die wir aufspüren müssen, wenn wir eine Argumentation auf ihre Schlüssigkeit prüfen. Wie gesagt: Wir können nicht alles explizit machen, und wir müssen das auch nicht. Aber wenn wir eine Argumentation sauber aufbauen wollen, dann sollten wir uns einigermaßen darüber im Klaren sein, was wir unausgesprochen voraussetzen. Andernfalls kann es uns schnell so ergehen wie dem Sohn im Beispiel. Die Argumentation ist gescheitert. Die Hausaufgaben müssen eben doch erledigt werden.

Schauen wir noch kurz auf den Art Director, die Fotos von Lady Di und den Journalisten mit Gewissen. Auch in diesem Fall spielen verdeckte, unausgesprochene Voraussetzungen die entscheidende Rolle.

Einigkeit scheint zwischen dem Art Director und dem Journalisten darin zu bestehen, dass es moralisch anstößig ist, die sterbende Prinzessin abzulichten und diese Fotos in einer Zeitung zu veröffentlichen. Hier wird mehrfach gegen moralische Regeln verstoßen: Erstens wird gegen den Schutz der Privatsphäre verstoßen. Man darf das Private nicht gegen den Willen der betreffenden Person in die Öffentlichkeit zerren, es sei denn, es gibt ein berechtigtes öffentliches Interesse. Sterben ist so intim wie Sex. Das öffentliche Interesse der schaulustigen Geiferer ist zwar da, aber es ist nicht berechtigt. Zweitens soll man nicht aus dem persönlichen Leid eines anderen Profit schlagen. Genau das tut die Zeitung aber, indem sie die Bilder druckt. Denn sie druckt die Bilder nicht mit dem Ziel zu informieren, sondern mit dem Ziel, möglichst viele Exemplare zu verkaufen. Beides ist dem Journalisten klar und daher unangenehm. Dem Art Director ist es auch klar, aber nicht unangenehm.

Die zur Debatte stehende These, die der Art Director verteidigt, lautet:

»Wir dürfen die Fotos der sterbenden Lady Di in unserer Zeitung veröffentlichen.«

Wie sieht nun seine Argumentation aus? Wie gesagt, er begibt sich nicht auf das moralische Eis. Er versucht dieses zu umgehen, indem er sagt:

»Wenn wir es nicht bringen, bringt es die Konkurrenz.«

Hier ist gleich ein ganzes Bündel an unausgesprochenen Voraussetzungen nötig, um das genannte Argument in eine Argumentation als letztes Puzzlestück einzubauen. Der Art Director versucht genau wie der Junge, der die Hausaufgaben nicht machen will, durch einen Trick das akzeptierte moralische Gebot auszuhebeln. Moralische Gebote gelten nämlich nicht, wenn es ums nackte Überleben geht – im Fall von Notwehr. Letztlich macht der Art Director hier den Versuch, das Zeigen der Bilder zu einem Fall von Notwehr zu erklären. Und das ist moralisch fast noch unterirdischer als die Veröffentlichung der Bilder.

Aber schauen wir auch hier wieder in Ruhe hin.

»Wenn wir sie nicht bringen, bringt sie die Konkurrenz« soll so viel heißen wie: »Die Bilder werden sowieso veröffentlicht.«

Das würde bedeuten: Wenn die Bilder komme, was da wolle, veröffentlicht werden, dann haben wir es im Grunde mit einem Fakt oder gar einer Notwendigkeit zu tun. Gegen das, was notwendigerweise geschehen wird, helfen keine moralischen Regeln, weil es nicht in unserer Macht als Menschen steht, das zu verhindern. Ein Stein fällt eben auf den Boden, wenn Sie ihn loslassen. Da können Sie dem Stein keinen moralischen Vorwurf machen.

Aber ist der Fall der Fotos vergleichbar? Damit diese Argumentation stimmig ist, müssten folgende Prämissen wahr sein:

| I | Wenn ein Ereignis mit Notwendigkeit eintreten wird, sind moralische Gesetze, die das Eintreten des Ereignisses verbieten, außer Kraft, da sie sinnlos sind. | *1. Prämisse* |

2	Wenn wir die Bilder nicht veröffentlichen, veröffentlicht sie notwendigerweise die Konkurrenz.	*2. Prämisse*
3	Die Bilder werden notwendigerweise veröffentlicht.	*folgt aus der 2. Prämisse*
4	Das moralische Verbot, die Bilder zu veröffentlichen, ist außer Kraft.	*folgt aus Prämissen 1 und Satz 3.*
5	Wir dürfen die Bilder veröffentlichen. Ein moralisches Gegenargument greift nicht.	*Positive Formulierung von Satz 4.*

Das ist nur ein Teil der Argumentation, die der Art Director verfolgt. Es ist der harmlose Teil. Der zynische kommt noch. Aber schon dieser vergleichsweise harmlose Teil ist falsch. Gegen die erste Prämisse ist nichts zu sagen: Was mit Notwendigkeit eintreten wird, liegt nicht im Einflussbereich unseres Handelns. Und was außerhalb unseres Einflussbereichs liegt, dafür sind wir auch nicht moralisch verantwortlich. Schüler können ihrem Mathelehrer keinen Vorwurf daraus machen, dass gilt: 2 + 2 = 4. Das ist außerhalb dessen, was der Lehrer durch Handeln beeinflussen kann.

Aber die zweite Prämisse ist falsch. Denn das Konkurrenzblatt steht ja vor derselben moralischen Frage. Und es liegt im Ermessen der Redakteurinnen und Redakteure, ob sie die Bilder veröffentlichen oder nicht. Von Notwendigkeit kann hier also keine Rede sein.

Da die zweite Prämisse falsch ist, ist auch der ganze Rest hinfällig. Die Argumentation ist nicht stichhaltig.

Hüten Sie sich vor Argumenten nach dem Muster: »Wenn ich es nicht mache, macht es jemand anders!« Dieses Muster gaukelt oft eine Notwendigkeit oder eine Faktizität vor, die *nicht* besteht. Wenn nämlich mit Notwendigkeit geschähe, was da zur Debatte steht, dann müsste man sich ja gar nicht für sein (zweifelhaftes) Tun rechtfertigen. Der Apfel, der vom Ast fällt, hat keinerlei Rechtfertigungsdruck: Äpfel fallen nun mal runter. Grund dafür ist die Erdanziehungskraft, die wir durch Naturgesetze beschreiben. Da kann der Apfel nichts tun. Gegen Naturgesetze kann man nicht »verstoßen«. Daher hat der Apfel auch keine moralischen Verpflichtungen. Allgemeiner ausgedrückt: Wer sich mit einem »Wenn ich es nicht mache, macht es jemand anders«-Argument moralisch rechtfertigen will, wird in der Regel scheitern. Denn es ist ja in der Regel möglich, dass eben *niemand* anders die fragliche Sache macht. Mag sein, dass es in einigen Fällen unwahrscheinlich ist. Aber un*wahrscheinlich* ist nicht un*möglich*. Wir sind eben handelnde Menschen und kein Fallobst.

Unser Art Director ist aber auch ein Zyniker wie er im Buche steht. Denn aus seiner Argumentation folgt letztlich, dass er sogar *verpflichtet* ist, die Bilder zu veröffentlichen. Ausbuchstabiert lautet dieser Teil seiner Argumentation wie folgt:

1	Wir sind verpflichtet, Schaden von unserer Zeitung abzuwenden.	*1. Prämisse*
2	Die Bilder bringen der Zeitung, die sie veröffentlicht, Profit.	*2. Prämisse*
3	Wenn wir die Bilder nicht veröffentlichen, veröffentlicht sie notwendigerweise die Konkurrenz.	*3. Prämisse*
4	Wenn die Kunden die konkurrierende Zeitung kaufen, kaufen sie unsere nicht.	*Erfahrung*
5	Wir können die Bilder veröffentlichen.	*Beobachtung*
6	Wenn die Konkurrenz die Bilder bringt, schadet das unserer Zeitung.	*Folgt aus Prämissen 2 und Satz 4.*
7	Wenn wir die Bilder nicht bringen, schaden wir unserer Zeitung.	*folgt aus Prämissen 2 und Satz 6.*
8	Wir sind verpflichtet, die Bilder zu veröffentlichen.	*Folgt aus Sätzen 5, 7 und Prämisse 1.*

Wie gesagt: Es ist eine zynische Argumentation, denn der Art Director behauptet eine Verpflichtung, wo gerade ein moralisches Verbot besteht. Aber prüfen wir seine Stichhaltigkeit. Die erste Prämisse halte ich für wahr. Auch die zweite ist vermutlich wahr. Es wäre schön, wenn sie falsch wäre, aber so aufgeklärt sind die Zeitungskäufer gewisser Blätter eben nicht. Die dritte Prämisse ist, wie ich eben erläutert habe, falsch. Und wieder scheitert die ganze Argumentation an dieser Prämisse: Denn aus falschen Voraussetzungen kann man alles Mögliche folgern, nur eine Wahrheitsgarantie für den Schluss »Wir sind verpflichtet, die Bilder zu veröffentlichen« bekommt der Art Director so nicht.

Selbst wenn wir die Notwendigkeit aus der dritten Prämisse herausnehmen, bleibt falsch, was falsch ist. Denn ein falsches Handeln wird ja nicht dadurch richtig, dass mein Nachbar es begeht. (Es ist eben nicht alles erlaubt, was geschehen *kann*.)

Übung
Metzgermeister Hackebeil hat Gammelfleisch zu Niedrigstpreisen verkauft.

Der Richter: »Sie haben Menschenleben gefährdet! Sie sind der fahrlässigen Körperverletzung schuldig.«
Hackebeil: »Ich bin unschuldig. Ich habe den Leuten nur verkauft, was sie wollten: billiges Fleisch.«

Welche Voraussetzungen hat der Metzgermeister unausgesprochen gelassen?
Haut seine Argumentation hin?

Lösung: Seine Argumentation ist fehlerhaft.
Dass Menschen billig einkaufen wollen, ist im Rahmen der Marktwirtschaft, in der wir leben, legitim. Aber sie kaufen das Fleisch in der Annahme, dass es für Menschen zum Verzehr geeignet ist. Diese Annahme ist eine unausgesprochene Prämisse, die aber gilt, wenn ein Metzger eine Metzgerei eröffnet und mit Lebensmitteln handelt. Das unterscheidet, auch wenn das nicht allen Lebensmittelhändlern klar zu sein scheint, den Lebensmittelhandel von der Abfallwirtschaft. Die Argumentation des Metzgers lässt sich so rekonstruieren:

Wer in meinen Laden kommt, will möglichst billiges Fleisch kaufen, egal, ob es noch genießbar ist oder nicht.	*1. Prämisse*
Ich habe billiges, ungenießbares Fleisch verkauft.	*2. Prämisse*
Also haben die Kunden gekauft, was sie kaufen wollten.	*Konklusion*

Die erste Prämisse ist aber falsch. Ferner gilt: Selbst wenn die Kundschaft dieses Metzgers nur aus Vollidioten bestünde, die Gammelfleisch kaufen wollen, unterliegt der Lebensmittelhandel Gesetzen. Diese Gesetze können nicht im stillen Einvernehmen zwischen Kunden und Händler außer Kraft gesetzt werden. Im Prinzip ist es wieder ein Argument, das versucht, aus den realen Verstößen gegen Regeln eine Erlaubnis abzuleiten. Das aber ist nicht gültig.

1.2 Argumente finden

Sie haben den technischen Teil nun hinter sich gebracht. Und Sie haben vielleicht schon ein Gespür dafür entwickelt, wie wir aus Voraussetzungen und Schlussregeln eine logisch schlüssige Argumentation aufbauen können. Aber was tun, wenn einem einfach nichts mehr einfällt, was man noch sagen könnte? Was tun, wenn Sie nicht schlagfertig sind?

Sie können sich vorbereiten. Sie können trainieren. Seit der Antike haben sich große Denker und Redner mit der Frage befasst: Wie fallen mir die besseren Argumente ein? Wo kann ich suchen? Der griechische Philosoph *Aristoteles* (384 v. Chr.–322 v. Chr.) war mit seinen Arbeiten auch hier für die Nachwelt maßgeblich. Aristoteles hat einfach geguckt: Wo finden wir Argumente? Und wie funktionieren sie? Diese Fundstellen (griechisch: *topoi*) hat er als Argumentationsschemata in seinem Buch mit dem Titel *Topik* aufgeschrieben.

Drei Jahrhunderte später hat *Marcus Tullius Cicero* (106 v. Chr.–43 v. Chr.), einer der genialsten Redner des antiken Rom, für einen Freund eine Art Zusammenfassung der aristotelischen Argumentationsmuster-Sammlung geschrieben. Allerdings hat Cicero das aus dem Kopf gemacht, sodass seine *Topica* ein ziemlich eigenständiges Werk geworden sind.

Als dritter im Bunde ist hier *Marcus Fabius Quintilian* (um 35 n. Chr.–um 100 n. Chr.) zu nennen, *der* römische Rhetoriklehrer schlechthin. Er war der erste vom Staat angestellte Professor der Rhetorik. Sein in zwölf Bücher eingeteiltes Werk *Ausbildung des Redners* diente nicht nur im alten Rom, sondern (dank der Humanisten) auch noch vom 16. bis zum 18. Jahrhundert als maßgebliche Schrift im Rhetorikunterricht.

Die Idee, funktionierende Argumentationen zu sammeln, ihre Struktur zu analysieren und sie nach bestimmten Mustern zu sortieren, um sie für neue Fälle fruchtbar zu machen, ist also alt. Die Teil-Disziplin der Rhetorik, die sich damit beschäftigt, wird (nach Aristoteles) Topik genannt und ist in der Aufklärung in Verruf geraten. Das Ganze klang den Geistesgrößen der Aufklärung zu sehr nach Schema F – was aber nicht unbedingt der Fall ist. Heute erfreut sich die Topik sowohl wissenschaftlich als auch für ein breites Publikum wieder größerer Beliebtheit. Die Anzahl der gefundenen Argumentationsmuster geht dabei weit auseinander: über 300 bei Aristoteles, während von Cicero bis heute meist von ca. 20–30 Argumentationsschemata die Rede ist.[11]

Als Inspirationsquelle ist diese Fülle sicherlich zu groß, um sich alles merken zu können – es sei denn, man ist Professor der Rhetorik oder aus anderen Gründen tagtäglich mit Argumentations*theorie* befasst. Handlicher wäre es, wenn wir diese Argumentationsschemata wiederum klassifizieren könnten, um uns dann nur eine Hand voll Oberklassen zu merken. Die Argumentationstheoretiker Frans van Eemeren und Rob Grootendorst haben hier ebenso fruchtbare Arbeit geleistet wie der Linguist Manfred Kienpointner.[12] Allerdings sind beide Arbeiten deutlich auf die Zwecke wissenschaftlicher Untersuchung von Alltagssprache bezogen und nicht auf den Gebrauch derselben. Ich vereinfache daher meinerseits die Ergebnisse von beiden und greife vier Argumentationsschemaklassen heraus, die man sich leicht merken und sicherlich häufig einsetzen kann.

Vorab sei noch bemerkt: Keines dieser Schemata garantiert die Gültigkeit der entsprechenden Argumentation. Die Beispiele und Schemata sollten Sie nur als Inspirationsquelle benutzen: Wenn Sie Argumente für Ihre These suchen, probieren Sie doch mal, in dieser oder in jener Richtung zu denken. Ferner: Jedes Argumentationsschema ist typisch für bestimmte Arten der Argumentation. Die verschiedenen Schemata sind in unterschiedlichen Situationen typischerweise zu finden.[13]

---

11 Vgl. Kienpointner: *Alltagslogik*, S. 245. Kienpointner sagt zwar, dass er ca. 60 Schemata gefunden habe, aber um auf diese Zahl zu kommen, muss man seine Subklassen und die Oberklassen zusammenrechnen. Das aber verzerrt nur das quantitative Bild.

12 Vgl. zum Folgenden van Eemeren und Grootendorst: *Argumentation, Communication, and Fallacies*, S. 96–102, sowie Kienpointner, S. 240–416.

13 Dass bestimmte Arten der Argumentation für bestimmte Zwecke oder Fächer typisch sind, ist schon Cicero aufgefallen. So sagt er seinem juristisch interessierten Freund: »Denn wenn auch alle Topoi sich jeder Art von Erörterung zuordnen lassen, um Argumente herbeizuschaffen, bieten sie sich doch für manche Erörterung reichlicher an, für andere spärlicher. Deshalb sollten dir die verschiedenen Arten geläufig sein; wo du sie aber benutzen kannst, das müssen dir die Fälle selbst sagen.« (Cicero: *Topik*, X, § 41; S. 35.)

Die vier grundlegenden Argumentationsschemata nenne ich:

1. Das Kausal-Schema.
2. Das Hinweis-Schema.
3. Das Einsetzungs-Schema.
4. Das Vergleich-Schema.

Betrachten wir die Schemata nun der Reihe nach ausführlicher.

1. Das Kausal-Schema

Das Argumentationsschema, das mir zunächst in den Sinn kommt, wenn ich nach Argumenten für eine These suche, ist das Kausal-Schema. Denn egal, was ich meine, als erstes frage ich mich immer: Was sind meine Gründe für diese Meinung? Warum halte ich das, was ich meine, für wahr?

Das stichhaltigste Argument, das es für eine Meinung geben kann, ist ein Ursache-Wirkung-Zusammenhang zwischen der These und ihrer Begründung.

These: »Die Straße wird nass.«

Begründung: »Wenn es regnet, dann wird die Straße nass. Und guck aus dem Fenster: Es regnet gerade.«

Dass es regnet, ist die Ursache dafür, dass die Straße nass wird. Hier haben wir *eine* Ursache mit *einer* Wirkung. Ursachen können aber auch etwas komplexer sein: Die Straße kann ja auch nass werden, weil jemand mit dem Wasserschlauch draufspritzt *und* es regnet. Das wären dann zwei Ursachen mit *einer* Wirkung. Es kann aber auch *eine* Ursache mehr als eine Wirkung haben: Wenn es regnet, wird ja nicht nur die Straße nass, sondern auch die Dächer, die Regenschirme der Passanten – und natürlich die Schwiegermutter auf dem Balkon …

Eine Wirkung kann auch selbst wieder zu einer Ursache für eine weitere Wirkung werden. Denken Sie nur ans Billardspiel: Der Spieler stößt die weiße Kugel an. Der Stoß ist die Ursache dafür, dass die Kugel in die Richtung rollt. Das Rollen der weißen Kugel ist die Wirkung. Die weiße Kugel stößt wiederum die schwarze Acht an und diese landet im Loch. Der Impuls der weißen Kugel ist die Ursache für das Rollen der schwarzen Kugel.

Für Argumentationen sind Ursache-Wirkung-Zusammenhänge simpel und schlagkräftig. Die Schwierigkeit besteht eigentlich nur darin, diese Zusammenhänge ausfindig zu machen. Das »Nur« ist eine bodenlose Untertreibung: Es ist mitunter extrem schwer, herauszufinden, welche Ursache ein bestimmtes Ereignis hat. Und es kommt vor, dass eine Wirkung nicht nur eine oder zwei Ursachen hat, sondern ein regelrechtes Bündel von Ursachen: Damit Max sein Iglu bauen kann, braucht er Schnee, aus dem er Blöcke schneiden kann, eine Schneesäge, einen guten Platz und eine Ahnung davon, wie man die Blöcke zu einem Iglu aufschichtet. Sprich: Das Errichten des Iglus ist nicht monokausal (durch *eine* Ursache bewirkt), sondern multikausal (durch viele Ursachen) bewirkt. Und um es noch schlimmer zu machen: Dank der Quantenphysik gibt es eine wissenschaftstheoretische Debatte darüber, was genau eigentlich das Verhältnis von Ursache und Wirkung sein soll. Aber lassen wir die philosophischen und wissenschaftstheoretischen Spitzfindigkeiten einfach beiseite und konzentrieren uns auf den Alltagssprachgebrauch.

Ursache und Wirkungszusammenhänge finden Sie am leichtesten, wenn Sie fragen: Warum?

»Warum ist der Ball ins Tor geflogen?
Weil Bruno Brasil mit dem Fuß gegen ihn getreten hat.«

Die Ursache: Bruno Brasil tritt mit dem Fuß gegen den Ball. Die Wirkung: Der Ball fliegt ins Tor. Nehmen wir nun die Frage, wer denn das 2:1 geschossen hat. Meine These lautet:

These: »Bruno Brasil hat das 2:1 geschossen.«

Die stichhaltigste Begründung wäre:

»Bruno hat gegen den Ball getreten und kein anderer Spieler hat den Ball danach berührt, ehe er im Tor war.«

Wenn ich jetzt noch (z. B. durch Fernsehbilder) beweisen kann, dass Bruno Brasil den Ball wie beschrieben geschossen hat, dann ist meine

These perfekt begründet. Perfekt soll heißen: Wenn die Prämissen wahr sind und wir logisch richtig schließen, dann ist auch die Konklusion wahr und der Schluss gültig. Und zwar mit Sicherheit. Das Schema funktioniert also. Die Wirkung wird in der These behauptet, die Ursache wird als Begründung genannt.

Manchmal benutzen wir das Ursache-Wirkung-Schema auch sozusagen *verschoben*: Wir begründen unsere These nicht direkt, sondern stützen sie auf die Meinung von Experten. In den Wissenschaften ist es üblich, dafür die genaue Textstelle anzugeben, an der der Experte das bewiesen hat, was wir als Beweis brauchen. Wir verschieben also den Nachweis, dass das-und-das die Ursache für die-und-die Wirkung ist, auf den Experten, der bewiesen hat, dass es so ist, wie wir sagen. So eine Argumentation ist natürlich nur dann korrekt, wenn auch das wahr ist, was der Experte angeblich bewiesen hat. Der ungeheure Vorteil dieser Art von »verschobener« Begründung liegt in der Arbeitsteilung: Wir müssen das Rad ja nicht immer wieder neu erfinden. Einmal erfunden, kann sich jeder des Rades bedienen, um damit neue Gefährte zu bauen. Ebenso gilt das für Argumentationen: Wenn wir einmal herausgefunden haben, dass etwas wahr ist, dann brauchen wir diese Wahrheit nicht immer wieder von Neuem nachzuweisen. Aber Vorsicht: Damit so eine Verschiebung auf die Expertenmeinung auch gelingt, ist zweierlei nötig:

1. Wir müssen beweisen können, dass wir den Experten richtig zitieren. Am einfachsten geht das schriftlich: Da nennt man einfach die Textstelle, das Buch, den Aufsatz, das Interview, an der er das gesagt hat.
2. Der Experte muss recht haben.

Die pure Berufung auf eine Autorität, die sich in ihrem Urteil so täuschen kann wie jeder andere, ist hingegen *keine* stichhaltige Begründung einer These. Denn nur weil jemand Newton, Kant, Goethe, Jelinek oder Einstein *heißt*, hat er oder sie ja noch lange nicht recht.

Auch dem folgenden Beispiel liegt das Kausal-Schema zugrunde:

These: »Es ist kein Wunder, dass George Lungenkrebs bekommen hat.«

Begründung: »George ist starker Raucher. Der Rauch verursacht Lungenkrebs.«

Ähnliche Beispiele lassen sich für Lebenspraxis und Justiz finden.

Die Richterin: »Warum soll der Angeklagte der Mörder der Oma sein?«
Staatsanwalt: »Der Angeklagte hat eine geladene Pistole auf sie gerichtet und gefeuert.«
Richterin: »Stimmt das, Angeklagter?«
Verteidiger des Angeklagten: »Das stimmt.«

Dann ist der Prozess so gut wie entschieden. An Beispielen wie diesem letzten zeigt sich, dass kausalen Argumentationen eine bestimmte zeitliche Abfolge zugrunde liegt: Der Täter muss nämlich *zuerst* schießen, dann erst fällt die Oma tot um. Wenn die Oma zuerst tot umfällt und der Tatverdächtige dann schießt, dann hat der Tatverdächtige den Tod der Oma nicht verursacht. Das wäre kein Mord, sondern Leichenschändung. Allgemein gesprochen: Ein Tatverdächtiger kann nichts verursachen, was *vor* seiner entsprechenden Handlung passiert ist.

Alles in allem sind Ursache-Wirkung-Argumente ziemlich stark, und wenn Sie eins auf Lager haben, dann sollten Sie das nicht verschweigen: Sie sind dann, wenn Ihre Argumentation gelingt (wahre Prämissen, gültiger Schluss), mit Sicherheit im Recht.

Wir können das Ursache-Wirkung-Schema ein bisschen erweitern und so einige sehr ähnliche Argumentationsschemata mit unter der Rubrik »Kausal-Schema« abhandeln. Wenn jemand ein Ziel verfolgt (z. B. die Oma erschießen), dann ist das Ziel, seine Absicht, ein *Grund* für sein Verhalten. Es ist nicht die Ursache im strengen Sinn, aber wenn wir seine Absicht kennen, haben wir meist auch eine schlüssige Erklärung für sein Verhalten. Wenn zum Beispiel Horst seine Oma erschießen will, weil er an ihr Geld möchte, dann ist das eine schlüssige Begründung dafür, warum er seine Oma erschießt. Der Kommissar kann Horsts Verhalten so *erklären*. Das heißt freilich nicht, dass der Kommissar Horsts Verhalten gutheißt oder ihm in der Frage recht gibt, ob Horst seine Oma erschießen *durfte*. Das durfte er selbstverständlich nicht.

Manchmal ist ein ganzes Bündel von Faktoren nötig, um ein Ziel zu erreichen: Damit ein Urlaub schön wird, brauchen wir gutes Wetter, nette Freunde, gutes Essen, Wein, der auch nach dem zweiten Glas keine Kopfschmerzen macht, einen tollen Strand, entspannte Stimmung und was-weiß-ich-noch-alles. Ein Weg, der zu einem Ziel führt, ein Grund für eine Handlung oder ein Ereignis, alle diese Zusammenhänge können Sie in einer Argumentation nach dem Kausal-Schema nutzen. Wenn Sie also Argumente für Ihre These suchen, sollten Sie sich fragen: Warum halte ich die These eigentlich für wahr? Warum scheint mir mein Vorschlag, wie wir uns verhalten sollten, der richtige zu sein? Warum glaube ich, dass die-und-die Lösung bei diesem oder jenem Problem helfen wird? Und: Welchen Nutzen haben wir von meinem Vorschlag? Die Antwort auf diese Fragen muss nicht ein einziger, alles entscheidender Grund sein; es kann ein ganzer Blumenstrauß aus Gründen kommen.

Meist werden Sie diese Fragen ganz automatisch beantworten. Manchmal ist es aber hilfreich, einen Schritt zurückzutreten und sich selbst diese Frage explizit zu stellen. Treten wir also einen Schritt zurück und fragen: Warum sollten Sie die Schwiegermutter nicht mit in den Urlaub nehmen? Wenn die Antwort darauf schlicht, aber ehrlich lautet: »Weil sie nervt«, dann haben Sie zweifelsohne recht. Eine Nervensäge sollte man nicht mit in den Urlaub nehmen. Denn im Urlaub will man sich ja erholen und Nervensägen sind nicht erholsam. Die Ursache wäre in diesem Fall, dass die Schwiegermutter nervt. Die Wirkung davon wäre, dass Sie Ihnen den Urlaub versaut. Und die vollständige Begründung Ihrer These würde somit lauten:

»Da Schwiegermutter immer nervt, versaut sie uns den Urlaub, wenn sie mitfährt. Wir wollen uns den Urlaub nicht versauen lassen, also darf die Schwiegermutter nicht mitfahren.«

Gegen diese Argumentation ist von logischer Seite nichts zu sagen. Sofern die Schwiegermutter wirklich eine Nervensäge ist, haben Sie recht. Wie gesagt: Die Schwierigkeit ist immer, den Nachweis zu erbringen, dass der Kausalzusammenhang tatsächlich besteht. Aber das ist keine Frage der Logik oder Argumentation, sondern der jeweiligen Einzelfälle. Sie müssen also, um mit dieser Argumentation durchzukommen, Ihrer Schwiegermutter noch beweisen, dass sie nervt. Das klingt nicht gerade nach einer leichten Aufgabe ... Aber selbst wenn Sie sie meistern würden, wäre Ihre Argumentation zwar schlüssig, aber nicht nett. Denn es ist ziemlich unhöflich, einer Nervensäge zu sagen, dass sie eine Nervensäge ist. Also schauen wir, ob wir die Schwiegermutter vielleicht etwas eleganter mit einem anderen Argument vom Mitfahren abbringen können.

Zusammenfassung

Wenn Sie mit Ihren Argumenten Ursachen angeben und die These eine Wirkung dieser Ursachen ist, dann argumentieren Sie nach dem Kausal-Schema. Die Fragen, die Sie sich selbst stellen müssen, um Argumentationen nach dem Kausal-Schema auf die Spur zu kommen, lauten: Warum halte ich meine These für wahr oder richtig? Welche Ursachen haben eine Wirkung, die dem entspricht, was ich behaupte? Mit welchen Mitteln erreichen wir die Ziele oder Zwecke, die wir erreichen wollen?

2. Das Hinweis-Schema

Argumentationen nach dem Hinweis-Schema funktionieren abstrakt gesprochen so:

X ist ein Hinweis auf Y.	*Prämisse*
Z hat X.	*Beobachtung*
Also hat Z Y.	*Konklusion*

Statt von Hinweisen sprechen wir in manchen Kontexten auch von Symptomen, Zeichen für etwas oder einem Indiz. Hinweis-Schema-Argumentationen sind typisch für Gespräche beim Arzt. Nehmen wir an, Papa geht mit Max zum Kinderarzt. Max hat rote Punkte am Bauch und leichtes Fieber. Papa vermutet eine Allergie. Aber der Kinderarzt meint: »Das sind Windpocken.« Nehmen wir den nervtötenden Fall an, dass Papa dem Kinderarzt nicht glaubt, weil er ein ausgemachter Besserwisser ist. »Ich habe eher das Waschmittel im Verdacht. Das ist eine Allergie«, behauptet Papa. Nun kann der Kinderarzt nach dem Hinweis-Schema argumentieren.

Der Arzt: »Leichtes Fieber und rote Pünktchen an Bauch und Rücken sind Symptome der Windpocken. Max hat leichtes Fieber und rote Pünktchen an Bauch und Rücken. Also hat Max höchstwahrscheinlich Windpocken.«

Höchstwahrscheinlich. Der Zusatz ist wichtig. Denn es *könnte* auch eine Allergie sein (das Fieber wäre da eher untypisch, aber vielleicht hat Max ja eine Allergie und gleichzeitig einen leichten Infekt). Das heißt: mit der Hinweis-Argumentation hat der Arzt nicht *bewiesen*, dass Max die Windpocken hat. Diesen Beweis könnte er nur durch einen Nachweis der Windpockenerreger in Max' Blut erbringen. Die Blutuntersuchung ist aber in so einem Fall nicht nötig. Die Symptome reichen dem Arzt bei dieser Kinderkrankheit aus, um die Krankheit zu bestimmen – er wird den Aufwand scheuen, in so einem Fall Max Blut abzunehmen. Die Windpocken sind zu leicht zu erkennen und die denkbaren Alternativerkrankungen zu harmlos.

Weitere typische Beispiele für das Hinweis-Schema finden sich in Indizienprozessen.

Staatsanwalt: »Schmitz war am Tatort.«
Richter: »Wie kommen Sie zu dieser Annahme?«
Staatsanwalt: »Wir haben seine Fingerabdrücke auf der Kaffeetasse
  gefunden. Und drei Haare, die laut DNS-Analyse ihm gehören,
  lagen auf dem Teppich.«

Haare und Fingerabdrücke sind kein *Beweis* dafür, dass Schmitz am Tatort war. Es sind Hinweise, Indizien. Es sind Zeichen für seine Anwesenheit. Logisch zwingend ist auch die Argumentation in diesem Beispiel nicht. Denn es könnte ja auch jemand die Tasse mit Schmitz' Fingerabdrücken an den Tatort gestellt und die drei Haare ebenfalls dort positioniert haben. Dennoch argumentieren wir (im

Alltag und vor Gericht) so, und wir kommen auch relativ gut klar mit der Tatsache, dass es sich nicht um unumstößliche Wahrheiten handelt. Im Fall der Rechtsprechung sind ja extra Hürden eingebaut, um möglichst wenige unschuldige Bürger zu verurteilen (»Im Zweifel für den Angeklagten«). Und wir können mit Hinweis-Argumentationen schon verflixt wahrscheinliche Begründungen hinkriegen: Natürlich sind geweitete Pupillen und der typische Shit-Geruch kein letztgültiger *Beweis* dafür, dass Peter bekifft ist (den ergäbe eine Blutanalyse). Aber sie sind ein ziemlich starkes Zeichen dafür.

Drehen wir den Spieß nun um, so lautet die Frage: Finden wir ein Hinweis-Argument für Ihre Behauptung, dass es das Beste sei, wenn Sie mit Ihrer Frau und ohne die Schwiegermutter in den Urlaub fahren? Das finden wir problemlos:

»Maria und ich haben uns in letzter Zeit öfter gestritten. Das ist ein Zeichen dafür, dass wir beide Zeit für uns als Paar brauchen, um uns vom Alltagsstress zu erholen.«

Unter das Hinweis-Schema fallen aber auch Begleiterscheinungen, wie folgende seltene Hautreaktion:

»Die ganzen Pickel auf dem Rücken kriegt Maria immer, wenn sie zu viel Zeit mit ihrer Familie verbringt. Deshalb wird es für sie erholsam sein, wenn wir zu zweit fahren.«

Die Pickel sind Begleitumstände der erhöhten Schwiegermutterintensität. Wie gesagt: Ob das nun als Argumentation hinhaut oder nicht, hängt natürlich auch von der Wahrheit oder Falschheit der Prämissen ab. Wenn es aber stimmt, dass Maria immer Pickel kriegt, wenn sie ihre Mutter häufig gesehen hat, dann ist das Argument nicht schlecht. (Ob es die Schwiegermutter auch überzeugt, ist eine andere Frage …)

Zusammenfassung

Wenn Sie Ihre Argumentation auf ein Symptom, ein Zeichen, einen Hinweis oder Begleiterscheinungen einer Sache stützen, argumentieren Sie nach dem Hinweis-Schema. So argumentieren Ärzte, wenn sie von Symptomen auf eine Krankheit, und Richter, wenn sie von Indizien auf die Tat eines Verdächtigen schließen. Denken Sie einfach an Sherlock Holmes, um sich zu merken, dass es das Hinweis-Schema gibt. So gesehen können Sie das Hinweis-Schema auch als »Detektiv-Schema« bezeichnen. Die Frage, die Sie sich stellen können, um Indizien-Argumente zu finden, lautet daher: Welche Hinweise oder Indizien sprechen für die Wahrheit oder Richtigkeit meiner These?

3. Das Einsetzungs-Schema

Van Eemeren und Grootendorst zählen auch bestimmte Arten von Einsetzungen in allgemeine Regeln, Definitionen oder Muster zu den Hinweis-Argumentationen. Mir scheint das ein wenig gewollt und ich folge in diesem Punkt Kienpointner, der ihnen eine eigene Kategorie zugesteht.[14] Hier ein Beispiel, wiederum eine Argumentation, mit der Sie versuchen, Ihre Schwiegermutter von der Reisebegleitung abzuhalten:

»Alle drei Jahre machen Maria und ich Urlaub zu zweit. In den letzten zwei Jahren waren wir mit dir unterwegs. Jetzt sind wir wieder allein dran.«

Das dritte Jahr ist hier eine Einsetzungsinstanz in eine Regel. Die Regel lautet: »Alle drei Jahre machen Maria und ich Urlaub zu zweit.«

Auch Definitionen können Sie in diesem Argumentationsschema fruchtbar machen. Angenommen, Sie wollen die These verteidigen, dass Harald ein Junggeselle ist. Dann ist eine solche Einsetzung in eine Definition eine sehr gute Strategie.

»Per Definition gilt: Ein Junggeselle ist ein lediger Mann im heiratsfähigen Alter. Harald ist ein lediger Mann im heiratsfähigen Alter. Also ist Harald ein Junggeselle.«

---

14 Vgl. Kienpointner: *Alltagslogik*, S. 246 ff. Was ich »Einsetzungsschema« nenne, heißt bei Kienpointner »Einordnungsschema«.

Ebenfalls unter das Einsetzungs-Schema fallen Argumentationen, bei denen ein konkreter Fall in ein Muster passt. Die These drückt den konkreten Fall aus. In den Prämissen wird behauptet, dass es ein Muster gibt, in das dieser Fall passt. Also gilt das, was für alle Fälle gilt, die in das Muster passen, auch im konkreten Fall.

Ein Beispiel:

Erzieherin im Kindergarten: »Ich glaube, dass Kurt zu viel fernsieht.«
Ihr Kollege: »Wie kommst du zu dieser haltlosen Unterstellung?«
Die Erzieherin: »Das Verhalten von Kurt passt genau ins Muster eines Kindes, das zu viel fernsieht: Er ist hyperaktiv und kann sich auf nichts konzentrieren.«

Gerade bei dieser Art von Argumentation muss man aber höllisch aufpassen. Denn hier schleichen sich nur allzu leicht fundamentale Fehler ein. So bringen van Eemeren und Grootendorst das Beispiel:

»Da Daniel Amerikaner ist (und Amerikaner dazu neigen, sich sehr für Geld zu interessieren), wird er sich bestimmt Sorgen wegen der Kosten machen.[15]«

Hier passt zwar ein Mensch (Daniel) in ein Muster. Dennoch ist die Argumentation nicht schlüssig, denn das Muster ist fehlerhaft. »Amerikaner neigen dazu, sich sehr für Geld zu interessieren« ist ein Klischee. Das Muster wäre ja nur dann gültig, wenn *alle* US-Amerikaner sich sehr für Geld interessierten. Findet man einen, der sich nicht dafür interessiert (nehmen wir einen neugeborenen New Yorker, der ist auch ein Amerikaner und interessiert sich sehr für Muttermilch und trockene Windeln und sonst für gar nichts), ist das Muster falsch. Das ist kein Vorwurf gegen van Eemeren und Grootendorst. Die bringen das Beispiel nur, um das Argumentations*muster* zu illustrieren. Seine Wahrheit oder Gültigkeit diskutieren sie gar nicht. Man kann an diesem Beispiel aber dreierlei sehen:

---

15 Van Eemeren/Grootendorst: *Argumentation, Communication, and Fallacies*, S. 96, meine Übersetzung.

1. Wir argumentieren im Alltag tatsächlich nach dem Einsetzungs-Schema.
2. Die so gewonnenen Schlüsse sind nicht unbedingt zwingend.
3. Man muss extrem aufpassen, dass die in den Prämissen unterstellten Regeln, Definitionen oder Muster auch tatsächlich Geltung haben.

Problematisieren will ich an dieser Stelle noch einen Punkt, der leicht unterschätzt wird: das Akzeptanzkriterium. Sowohl Aristoteles und Cicero als auch die neueren Argumentationstheorien beschreiben unsere tatsächliche Argumentationspraxis. Das heißt, sie untersuchen und beschreiben die Art, wie wir wirklich miteinander diskutieren. Nun ist eine Diskussion noch *nicht* unbedingt an ein Ende gekommen, wenn einer der Streitenden recht hat, die Wahrheit sagt oder die beste mögliche Lösung für das zur Debatte stehende Problem gefunden hat. Das wird nämlich mitunter von den Teilnehmern der Diskussion übersehen. Wie gesagt: Irren ist dämlich, aber menschlich. Die Diskussionen *enden* vielmehr, wenn sie nicht vorher abgebrochen werden, damit, dass sich die Teilnehmer auf Thesen einigen, die sie alle *akzeptieren*. Eine These zu akzeptieren heißt dabei, dass das mit der These Gesagte für wahr, richtig oder eine gute Lösung *gehalten* wird.[16] Daraus folgt aber nicht, dass diese These auch tatsächlich wahr ist. Und das bringt Probleme mit sich.

Denken Sie nur an die Nazi-Zeit. Da waren Diskussionen denkbar, in denen sich alle Teilnehmer darüber einig waren, dass es »lebensunwertes Leben« gebe. Wir wissen, dass nichts und niemand jemals unter diesen Begriff fiel oder fallen wird, der Begriff ist leer. Es gibt kein »lebensunwertes Leben«. Das heißt: Es ist falsch, dass jemand als »lebensunwertes Leben« zu klassifizieren wäre. Nun ist es

---

16 Van Eemeren und Grootendorst machen das Akzeptanzkriterium explizit in ihrer Definition einer »Argumentation«: »Argumentation ist eine verbale, gemeinschaftliche und rationale Aktivität, die darauf zielt, einen vernünftigen Kritiker von der *Akzeptanz* eines Standpunktes zu überzeugen, indem man eine Zusammenstellung von Aussagen vorbringt, die die im Standpunkt ausgedrückte Aussage rechtfertigt oder widerlegt.« Frans van Eemeren und Rob Grootendorst: *A Systematic Theory of Argumentation*, S. 1 (meine Übersetzung und Hervorhebung).

aber denkbar (und historischer Fakt), dass in Nazi-Kreisen Behinderte als »lebensunwert« betrachtet wurden. Wir können also eine Gruppe von Menschen (Nazis) annehmen, die die These, dass es lebensunwertes Leben gebe, akzeptiert. Gleichwohl ist diese These falsch.

Die Geschichte der Menschheit ist voller ähnlicher Beispiele: Die These, dass die Erde eine Scheibe sei, wurde akzeptiert, war aber falsch. Dass der Aderlass der Gesundheit zuträglich sei, wurde akzeptiert, war aber falsch. Dass die Ursache für Blitz und Donner der Zorn des Gottes Thor sei, wurde von den Germanen akzeptiert, war aber falsch. Und so weiter und so fort durch die Geschichte und vermutlich auch durch die Gegenwart. Gleichwohl sollten Sie nun nicht als krankhafter Skeptiker alles in Zweifel ziehen. Seit Menschen ins All geflogen sind und die Erde umrundet haben, wissen wir sicher: Die Erde ist eine an den Polen abgeflachte Kugel – und sie bewegt sich. Aber nur weil eine These in einer Gruppe *akzeptiert* wird, ist sie eben noch nicht unbedingt *wahr*. Wir sind dank unserer Wahrnehmung darauf getrimmt, Muster zu erkennen. Denn Muster machen das Leben leichter. Stellen Sie sich nur mal vor, Sie müssten jeden Spatz, jedes Auto immer aufs Neue als Spatz bzw. Auto bestimmen! Aber gerade weil wir überall Muster suchen, müssen wir besonders da, wo Aussagen über Muster eine Rolle spielen, aufpassen und geduldig prüfen, ob dieses Muster wirklich durch Elemente, die unter es fallen, gefüllt ist. Leere Muster, leere Begriffe führen zu falschen Aussagen und sind somit für eine seriöse Argumentation tabu. Selbst wenn die Muster akzeptiert werden.

Ich würde daher für den Alltagsgebrauch vorschlagen: Wir müssen und können vielleicht nicht immer mit unumstößlicher Gewissheit die Wahrheit einer These in einer Argumentation nachweisen. Aber wir sollten auch nicht, wie van Eemeren und Grootendorst, allein die Akzeptanz der fraglichen Thesen als das Ziel einer Argumentation bestimmen. Eine seriöse Argumentation braucht etwas mehr. Sie ist erst dann am Ziel, wenn unsere Behauptungen und Prämissen von den Gesprächsteilnehmern akzeptiert werden *und überprüfbar sind*. Somit wäre das unbefriedigende Nazi-Beispiel von oben geblockt: »Lebensunwertes Leben« ist ein Muster, das sich bei einer Überprüfung als leer herausstellt.

Bei weitreichenden, kritischen Fragen, in denen ein fehlerhaftes Ergebnis gravierende Folgen hätte (gravierende Folgen sind z. B.: einen Unschuldigen verurteilen, rassistischen Vorurteilen aufsitzen, eine falsche Diagnose stellen oder Mitbürger durch technische Fehler ernsthaft gefährden), müssen wir unbedingt die Möglichkeit eines Fehlers im Blick haben und so ehrlich sein zu sagen: »Wir wissen es nicht genau.«

Zusammenfassung

Wenn Sie ein Muster oder eine Definition finden, dem- oder dergemäß das gilt, was Sie behaupten, dann argumentieren Sie nach dem Einsetzungs-Schema. Um solche Argumente zu finden, müssen Sie sich fragen: Gibt es eine allgemeine Regel, unter die das fällt, was ich behaupte?

Dieses Argumentationsschema ist, ebenso wie das Hinweis-Schema, typisch für juristische Debatten, die ungefähr so laufen: »In dem-und-dem Gesetz steht das-und-das. Und der verhandelte Fall fällt unter dieses Gesetz. Also gilt für den verhandelten Fall das, was das Gesetz vorschreibt.« Die große und für den Angeklagten spannende Frage ist dann aber noch, ob auch der Richter der Meinung ist, dass der konkrete Fall unter das genannte Gesetz fällt.

4. Das Vergleich-Schema

Wenn Architekten ihren Bauherrn die Wirkung eines geplanten Großprojekts schon vor Baubeginn verdeutlichen wollen, fertigen sie ein Modell an, das zeigt, wie die Proportionen des geplanten Gebäudes im Verhältnis zur Nachbarschaft wirken, wie der Lichteinfall etwa sein wird und so weiter. Der Gedanke, der hier zugrunde liegt, lautet: »Was für das Modell gilt, gilt im geänderten Maßstab auch für das fertige Gebäude.« Hinsichtlich der Proportionen und äußeren Erscheinungsform gleichen sich Modell und Wirklichkeit. In vielen anderen Hinsichten (Baumaterial, Größe, Konstruktion usw.) sind sie grundverschieden. Da es aber leichter ist, ein neues Modell zu bauen als ein neues Haus, wenn dem Bauherrn eine Ecke nicht gefällt, bevorzugen die Architekten das Modell.

Denselben Trick können wir in Argumentationen anwenden, wenn wir einen vergleichbaren Fall haben, der einfacher zu klären oder gar unstrittig ist. Wir benutzen dann das Vergleich-Schema. Das Vergleich-Schema ist etwas komplexer als die anderen drei Schemata. Denn hier wird nicht direkt für eine These argumentiert, sondern über einen kleinen Umweg. Der Umweg ist ein Vergleich, ein Verweis auf einen anderen Fall, der klarer liegt, leichter zu entscheiden und im günstigsten Fall unstrittig ist. Das Ergebnis aus diesem Vergleichsfall wird dann auf den Fall, um den es in der These geht, übertragen. Unter welchen Bedingungen darf man das? Das darf man natürlich nur dann, wenn die beiden Fälle, der behauptete Fall und der Vergleichsfall, in der entscheidenden Hinsicht vergleichbar sind. Schließlich darf man ja nicht Äpfel mit Birnen vergleichen. Hier ein Beispiel:

Bekanntlich ist jeder Mensch anders. Dennoch behandeln Ärzte Patienten mit ähnlichen Beschwerden auch mit gleichen Mitteln. Wenn Uschi mit Kopfschmerzen zum Arzt geht, dann verschreibt der Arzt ihr eine Kopfschmerztablette. Selbst wenn Uschi diese Tablette noch nie genommen hat, ist der Arzt in der Annahme gerechtfertigt, dass sie Uschi helfen wird, denn in vergleichbaren Fällen (bei anderen Patienten mit Kopfschmerzen) hat diese Tablette geholfen.

Aus der Medizin lassen sich viele weitere Beispiele für Argumentationen nach dem Vergleich-Schema gewinnen. Gerade die Medikamentierung und auch die Studien von neuen Medikamenten laufen alle nach dem Prinzip, dass man einen Fall mit einem ähnlichen vergleicht und behauptet, dass das, was im einen Fall gewirkt hat, auch in einem vergleichbaren Fall wirken wird. Dagegen ist aus logischer Sicht nichts einzuwenden. Denn aus logischer Sicht sind Analogieschlüsse zulässig, allerdings unter drei entscheidenden Bedingungen:

1. Die Prämissen müssen wahr sein.
2. Die Schlussfolgerung muss logisch fehlerfrei sein.
3. Die verglichenen Fälle müssen tatsächlich in allen entscheidenden Hinsichten vergleichbar sein.

Der Teufel steckt natürlich im Detail der dritten Bedingung. Welcher Arzt kann schon wirklich mit Gewissheit ausmachen, ob Uschis Beschwerden mit den Kopfschmerzen anderer Patienten vergleichbar sind? Hier bleibt eine Grund-Unsicherheit, mit der wir im Alltag leben müssen. Bei schwierigen Fällen gilt allerdings dasselbe wie für das Hinweis-Schema. Wenn wir uns nicht sicher sind und ein Fehler weitreichende Konsequenzen hätte, dann ist es besser zu sagen: »Wir wissen es nicht genau.« Und weiter zu forschen.

Auch für Juristen ist das Schema einschlägig: Das Prinzip des Präzedenzfalls beruht auf dem Vergleich-Schema. Denn hier wird ja gerade nach Urteilen in vergleichbaren Fällen gesucht, um dem Richter einen Anhaltspunkt zu geben, was Richterkollegen als angemessene Beurteilung des Falls betrachtet haben.

In der Wirtschaft schließen wir ebenfalls häufig analog:

»Die Auftragslage ist wieder eingebrochen, genau wie letztes Jahr um die Zeit. Wir sollten noch einmal mit zwei Wochen Kurzarbeit im Herbst rechnen.«

In den Wissenschaften stecken Analogie-Argumente in jeder Argumentation, die auf ein Modell zurückgreift. Damit der Schluss vom Modell auf die Realität aber unter Wahrung der Wahrheitswerte gelingt, müssen die drei Bedingungen von oben erfüllt sein: wahre Prämissen, korrekter Schluss und Vergleichbarkeit zwischen Modell und Realität in den einschlägigen Hinsichten. Ein wissenschaftliches Beispiel für eine Argumentation nach dem Vergleich-Schema finden Sie in Brechts Schauspiel *Leben des Galilei*. Galilei erklärt darin seinem Schüler Andrea, warum er nicht das Gefühl hat, auf dem Kopf zu stehen, wenn sich die Erde dreht. Zur Erinnerung: Galilei war der Meinung, dass die Erde sich um sich selbst drehe, während die Inquisition die Meinung vertrat, dass die Erde still stehe und sich die Sonne um die Erde drehe. Ein Einwand gegen Galileis These lautet: »Wenn sich die Erde drehen würde, müssten wir doch merken, dass wir manchmal auf dem Kopf stehen. Wir müssten doch sehen, dass der Himmel manchmal unten und die Erde manchmal über uns ist.« Galilei zeigt nun in Brechts Stück seinem Schüler Andrea, dass dem ein Denkfehler zugrunde liegt, indem er ein Modell von der Erde und ein Modell vom Schüler Andrea bastelt. Ein Apfel dient ihm als Modell der Erde. Ein Holzsplitter als Modell von Andrea. Galilei steckt den Splitter in den Apfel. Die untere Spitze des Splitters sind Andreas Füße, das obere, nicht im Apfel steckende Ende des Splitters ist Andreas Kopf. Das heißt: So wie der Splitter im Apfel steckt, steht Andrea mit den Füßen auf der Erde und mit dem Kopf in der Luft. Für den Splitter ist der Apfel unten und die Luft um den Apfel oben. Analog gilt für Andrea: Er steht auf der Erde, also ist der Boden unten und der Himmel oben. Nun dreht Galileo den Apfel. Der Splitter steht immer noch mit »den Beinen« auf dem Apfel. Genau wie Andrea, wenn die Erde sich dreht. Analog gilt auch für uns, die wir auf der Erde stehen: Der Himmel ist auch dann nicht unten, wenn sich die Erde dreht. Diese Argumentation folgt dem Vergleich-Schema, indem ein Modell gebaut wird: Verglichen wird das Verhältnis Andrea-Erde mit dem Verhältnis Splitter-Apfel.

Auch für unser Schwiegermutterproblem lassen sich selbstverständlich Argumente nach dem Vergleich-Schema finden:

»Du (Schwiegermutter) hast es doch früher selbst nicht leiden können, wenn deine Mutter immer mit in den Urlaub kam.«

Die Analogie, die hier gezogen wird, folgt dem Muster: Stell dir vor, du wärst an meiner Stelle. Solche Argumente funktionieren freilich nur, wenn der Gesprächspartner ein bisschen empathisch ist.

»Im Frühling ziehen sich die Spatzenpärchen zurück und bleiben unter sich. Die brauchen das. Wir auch.«

Hier vergleicht der Mann seine Ehe mit dem Paarungsverhalten von Spatzen. Das sagt natürlich auch eine Menge über die Erwartungen an den Urlaub, die der Mann hat ...

»Wir sind doch auch nicht mitgefahren, als du (Schwiegermutter) letztes Jahr mit Horst auf die Malediven geflogen bist.«

Hier wird der Spieß herumgedreht. Die Rollen werden vertauscht, und damit das glaubhaft rüberkommt, wurde ein vergleichbarer Urlaubsfall aus der Vergangenheit gewählt.

Der Vorteil von Vergleich-Argumenten steckt in der Vereinfachung. Suchen Sie einen vergleichbaren *und* unstrittigen Fall. Dass der Vergleichsfall einfach und unstrittig ist, ist extrem wichtig. Sonst kommen Sie vom Regen in die Traufe und es wird plötzlich nicht mehr über die eigentliche These diskutiert, sondern über die Frage, was genau im analogen Fall eigentlich Sache war oder ist.

Zusammenfassung

Wenn Sie in Ihre Argumentation einen Vergleich, eine Analogie, einen Verweis auf ein Modell oder Ähnliches einbauen, dann argumentieren Sie nach dem Vergleich-Schema. Die Medikamentierung erfolgt ebenso nach diesem Schema wie die vergleichenden Erklärungen von Thesen in Lehrbüchern.

Wir könnten es auch das »Das-ist-genau-so-wie-Schema« nennen.

Übungen

Wenn Sie sich auf eine Diskussion vorbereiten können und Sie Argumente suchen, können Sie sich folgendermaßen inspirieren lassen:

Fragen Sie zunächst: Warum? Das bringt die härtesten Nüsse: Wenn Sie eine kausale Begründung für Ihre These finden, die stichhaltig ist, dann haben Sie jedenfalls schon mal recht. Davon müssen Sie dann »nur noch« Ihren Gesprächsteilnehmer überzeugen.

Überlegen Sie, welche Hinweise oder Symptome es gibt, die für die Richtigkeit Ihrer These sprechen.

Überlegen Sie, ob es ein Muster, eine Regel, ein Gesetz oder eine Definition gibt, die Sie nur anwenden müssen, um Ihre These zu begründen.

Suchen Sie Beispiele und Vergleiche, eindeutige und unstrittige Fälle, die analog zum Fall sind, der zur Debatte steht.

Wenn Sie Schwierigkeiten in puncto Schlagfertigkeit haben: Lernen Sie die Schemata auswendig und trainieren Sie sie! Oder analysieren Sie die Profis! Unter www.bundestag.de finden Sie im Parlamentsfernsehen jede Menge Argumentationen (dort sind alle Reden aus dem Plenarsaal zu sehen und zu hören). Achten Sie dabei darauf, wann ein Redner oder eine Rednerin welches Argumentationsschema benutzt. Der Vorteil bei dieser Art von Analyse: Sie können die Rede-Filmchen im Internet jederzeit anhalten, um sich Notizen zu machen und bestimmte Argumentationsschritte noch einmal abspielen.

Ich bereite mich nur selten auf Diskussionen vor. Meistens trete ich vor die Tür und schon bricht sich die Debatte Bahn. Dürfen Kinder auf diesem Platz Fußball spielen? Verhalte ich mich wirklich grob fahrlässig, wenn ich gegen diese breite Einbahnstraße mit dem Fahrrad fahre? Um hier gewappnet zu sein: Überlegen Sie sich im Nachhinein, was Sie hätten sagen sollen. Das kann beim nächsten Mal helfen.

Wenn Sie einen Freund haben, der auch gerne debattiert, können Sie folgendes Spiel spielen: Sie und Ihr Gesprächspartner debattieren eine strittige These. Allerdings dürfen Sie im ersten Durchgang nur nach dem Hinweis-Schema und Ihr Gesprächspartner nur nach dem Vergleich-Schema argumentieren. In der zweiten Runde werden die Rollen getauscht. Hier ein paar Themenvorschläge:
- Sterbehilfe sollte legalisiert werden.
- Hans trägt die Verantwortung für den Tod des Hamsters.
- Die Rechtschreibreform war nötig und ist gut.
- Es gibt keinen gerechten Krieg.

2. Wie man eine Argumentation vorträgt

2.1 Was ist eine Diskussion?

Nachdem wir in (vielleicht etwas mühsamer) Kleinarbeit auf die Details eines Arguments und den Aufbau einer Argumentation geschaut haben, wenden wir uns nun der nächstgrößeren Einheit zu: dem Austausch von Argumenten, der Diskussion.

Was ist eine Diskussion? Unter einer Diskussion verstehe ich den Austausch von Argumenten zwischen zwei oder mehr Diskussionspartnern mit dem Ziel, einen wie auch immer gearteten Konflikt zu lösen.[17] Unter einem Konflikt verstehe ich dabei aber nicht nur einen Streit im engeren Sinn, sondern jede Art von Meinungsverschiedenheit, die einer Klärung bedarf. Auch dem wissenschaftlichen Disput, den sich Professor Winkelmeier mit seiner Doktorandin Mollenkopp liefert, liegt ein Konflikt in meinem Sinne zugrunde: Schließlich würden die beiden sich nicht die Köpfe heißdiskutieren, wenn sie *einer* Meinung wären. Da die Klärung des Konflikts durch den sprachlichen Ausstausch von Argumenten vollzogen werden soll, ist die Diskussion eine Form der Kommunikation.

Es ist sicher erhellend, sich einige Aspekte von Kommunikation klarzumachen. Ob und inwieweit sich das positiv auf Ihr Gesprächsverhalten auswirkt, kann ich natürlich nicht vorhersagen – selbst die größten Theoretiker der Kommunikation können grauenhafte Gesprächspartner sein. Dennoch bin ich davon überzeugt, dass wir in vielen Fällen unsere Sache besser machen, wenn wir mehr über sie wissen.

Ich werde also im Folgenden ein paar grundsätzliche Aspekte von Kommunikation betrachten. Ich mache dies stets am Beispiel von Diskussionen, was aber nicht heißen soll, dass die Grundsätze nur für das Debattieren gelten. Auch Erpressungsversuche, Gehalts- oder Friedensverhandlungen, Liebes-, Kriegs- und sogar Steuererklärungen

---

17 Diskussionen sind nicht der einzige Weg, um strittige Punkte zu klären: Gewalt, Überredung, Bestechung, Ausprobieren, Erpressung oder Verhandlung sind andere Wege.

sind kommunikative Akte, für die einige der im nächsten Abschnitt thematisierten Grundsätze gelten.

Das Sender-Empfänger-Modell

Kommunizieren können wir auf unterschiedlichen Wegen, oder, wie die Fachleute sagen, mit unterschiedlichen Medien: Rauchzeichen, Brieftauben, Webseiten, Büchern, Briefen, SMS, E-Mails, der menschlichen Stimme, Telefon, Radio, Fernsehen, Reklametafeln, Straßenschildern und so weiter. Selbst Toilettenpapier wird zu Kommunikationszwecken gebraucht, wenn eine Botschaft draufsteht. Unter Kommunikation versteht man ganz allgemein, dass jemand jemandem etwas mitteilt. Den ersten Jemand nennen wir bei mündlicher Kommunikation (dem Kamingespräch zum Beispiel) den Sprecher oder die Sprecherin. Den zweiten Jemand nennen wir in diesem Fall die Zuhörerin oder den Zuhörer. Bei schriftlicher Kommunikation spricht man vom Absender oder Schreiber und Empfänger oder Adressaten. Manchmal, im Fall der Werbung oder Verkehrsschilder, ist der Absender gar kein Mensch, sondern eine Institution, und es gibt (denken Sie nur an Piktogramme) keinen Zuhörer oder Leser, sondern einen Gucker. Diese Fülle von Möglichkeiten macht es schwierig, passende Begriffe für alle Gelegenheiten zu finden. Aber Linguisten haben für jeden Bestandteil der Sprache und des Sprachgebrauchs ein Wort gefunden und so hat sich in der Kommunikationstheorie eingebürgert, ganz allgemein vom Sender (Sprecherin, Absender etc.) und Empfänger (Hörer, Adressatin etc.) zu sprechen.

Zu einer Kommunikationssituation gehören aber nicht nur Sender und Empfänger, sie braucht noch ein drittes Element: die Sendung, den Brief, die Botschaft, die Äußerung, das Gesagte oder Geschriebene oder irgendwie vom Sender Gemeinte und vom Empfänger im gelingenden Fall Verstandene. Diese Sendung nenne ich möglichst allgemein »die Mitteilung«. Kommunikation ist also im Kern Folgendes: Ein Sender sendet eine Mitteilung an einen Empfänger. Der Empfänger nimmt die Mitteilung wahr und versteht sie.

Hier zwei Beispiele:
Der Sender: Die Straßenverkehrsordnung.
Die Mitteilung: Stopp! Vorfahrt achten!

Der Empfänger: Klaus, der Taxifahrer. Er sieht das Schild, versteht die Mitteilung und wartet, bis der Traktor an der Einmündung vorbeigefahren ist, ehe er abbiegt.

Die Senderin: Anita.
Die Mitteilung: Ich liebe dich!
Der Empfänger: Klaus, der sich freut, weil er Anita auch ganz toll findet.

Kommunikation kann einseitig oder wechselseitig sein. Die Straßenverkehrsordnung teilt mit dem Stopp-Schild dem Autofahrer etwas mit (nämlich dass er an der Haltelinie stoppen und die Vorfahrt gewähren soll). Der Autofahrer sagt aber der Straßenverkehrsordnung nichts. Es ist ein Fall von einseitiger Kommunikation. Das gilt aber nicht nur für Schilder. Es gibt auch Situationen, in denen nur einer redet: Wenn die Bundeskanzlerin oder Queen durchs Fernsehen zu ihrem Volk spricht, sieht und hört sie die Reaktion nicht unmittelbar. Wenn der Brautvater seine Rede bei der Hochzeit hält, schweigen die Gäste und das Brautpaar (normalerweise). Wenn der Pfarrer von der Kanzel predigt, dann schweigt die Gemeinde und hört (mehr oder weniger aufmerksam) zu. Das sind Fälle von einseitiger Kommunikation: Der Sender wird nicht selbst zum Empfänger einer Mitteilung und die Empfänger schweigen und senden zumindest auf den ersten Blick nichts zurück. Das sieht aber nur auf den ersten Blick so aus, wie gleich deutlich werden wird.

Ein Gespräch, eine Diskussion, eine Debatte im Bundestag ist keine einseitige Kommunikationssituation, sondern wechselseitig. Der Empfänger wird selbst zu einem Sender, wenn er den Mund aufmacht und nachfragt, widerspricht oder zustimmt. Und der Sender wird zum Empfänger, wenn er diese Nachfrage, diesen Widerspruch oder diese Zustimmung versteht.

Das Sender-Empfänger-Modell klingt soweit ganz simpel. Nur ist Kommunikation ein Fall von *menschlicher* Interaktion, und Menschen sind ja, im Unterschied zu Stöcken und Steinen, vor allem eins: kompliziert. Es geht nicht immer alles so glatt und leicht vonstatten, wie ich das im vereinfachenden Modell beschrieben habe. Denn vielleicht hat Klaus Anita ja auch falsch verstanden. Vielleicht hat Anita gar nicht gesagt: »Ich liebe dich!«, sondern »Ich liebe Michael.« Und Klaus hat, benommen vom Wein und eingelullt von Anitas Schönheit im dämmrigen Licht des Restaurants eben nicht das verstanden, was Anita gemeint hat. In so einem Fall geht die Kommunikation nicht glatt, sondern schief. Sie misslingt. Kommunikation ist also etwas, das wir mit Erfolg oder mit Misserfolg betreiben können. Wenn die Kommunikation zwischen Sender und Empfänger *misslingt*, nennen wir das ein Missverständnis. Im Fall eines Missverständnisses hat der Empfänger nicht alles verstanden oder die Mitteilung nicht so verstanden, wie der Sender sie meinte.

Missverständnisse sind an der Tagesordnung. Viele können wir ausräumen, indem wir vom Empfänger in die Rolle des Senders schlüpfen und einfach nachfragen, wie die Äußerung oder die E-Mail gemeint war. Manchmal, besonders wenn es um zwischenmenschliche Beziehungen oder emotional aufgeladene Situationen geht, lassen sich Missverständnisse auch nicht mehr ausräumen. Das ist dann wie eine Tasse, die einmal runtergefallen ist. Die kann man zwar kleben, aber so richtig repariert kriegt man sie nicht mehr. Daher ist es ratsam, sich darum zu bemühen, dass Tassen gar nicht erst runterfliegen. Also bewegen wir uns, um im Bild zu bleiben, am besten möglichst selten an den kommunikativen Tischkanten; versuchen wir lieber, alles dafür zu tun, dass wir verstanden werden und verstehen.

Was können wir dafür tun? Ich will im Folgenden einige Grundregeln vorstellen, die wir, wenn Kommunikation gelingt, beachten.

Zwei Prinzipien und ein paar Lebensregeln gelingender Kommunikation

Mündliche Debatten sind vor allem eins: schnell. Was einmal gesagt ist, ist gesagt. Sie können Ihre Sätze nicht mit einem Lasso einfangen und wieder zurücknehmen. Anders ist das beim Schreiben. Hier können Sie hin und her überlegen, einen Satz, eine Seite schreiben, umschreiben, ausdrucken und wegschmeißen, wie es Ihnen beliebt, bis Ihre Argumentation endlich lückenlos und sauber dasteht. Nicht so im mündlichen Disput. Dafür haben Sie in aller Regel schlicht nicht die Zeit. Denn der Gesprächspartner oder die Gesprächspartnerin sitzt Ihnen gegenüber und erwartet eine Reaktion. Hier und jetzt. Sofort. Ihr Vorteil dabei: Sie sehen auch sofort eine Reaktion, wenn Sie etwas mitteilen.

Als Empfänger unterscheiden wir dementsprechend zwischen mündlicher und schriftlicher Kommunikation, was unsere Erwartung an Exaktheit und Verbindlichkeit angeht: Schriftliche Mitteilungen liegen schneller auf der Goldwaage als mündliche. Eine Zwischenstellung hat sich in Form der E-Mails gebildet. E-Mails werden oft so rasch geschrieben wie ein Telefonanruf getätigt wird: Verstöße gegen Rechtschreibregeln oder generelle Kleinschreibung sind in E-Mails viel häufiger zu finden als in Briefen. Gleichzeitig ist die E-Mail aber ein schriftliches Medium, und das heißt: Der Leser interpretiert, egal wie flüchtig die Mail geschrieben ist, die Nachricht so, als wäre sie ein Brief, eine wohlüberlegte, schriftliche Mitteilung. Das kann besonders bei Diskussionen rasch zu Missverständnissen führen, die (wenn überhaupt) nur sehr schwer reparabel sind. Noch verzwickter wird die Lage durch ironische Elemente, da Ironie leicht als Sarkasmus missverstanden oder (schlimmer noch) gar nicht erkannt wird – im Fall von mündlich vorgetragener Ironie haben Sie Tonfall, Mimik und Gestik, um das Gemeinte vom Gesagten zu unterscheiden. Als E-Mail-Sender haben Sie keine direkte Reaktion des Empfängers. Sie wissen nicht, ob er es gelesen hat. Sie wissen nicht, ob er es verstanden hat. Schweigt er, weil die Technik nicht funktioniert hat oder weil er nicht antworten will, nicht kann? Schweigt er beleidigt? Das alles sehen und hören Sie im Fall der Mündlichkeit. Und zwar unmittelbar. Bei einer E-Mail kann man aber nie wissen. Daher mein Rat: Vermeiden Sie Diskussionen per E-Mail, wenn die Situation emotional aufgeladen ist. E-Mails sind sehr praktisch, wenn es gilt, Informationen oder Dateien auszutauschen. Für eine Diskussion in emotional aufgeladenen Situationen aber ist die E-Mail zu sehr zwischen Mündlichkeit und Schriftlichkeit verhaftet.

Die Mündlichkeit ist quasi die Autobahn des Denkens und Argumentierens. Das schnelle Reisen wäre viel zu gefährlich, würden wir am Straßenrand noch jeden Regenwurm und jede Reklametafel beachten. Wir müssen den Straßenverkehr mit zunehmendem Tempo vereinfachen, damit die Fahrer in kurzer Zeit die richtigen Entscheidungen treffen können. Für die mündlichen Unterhaltungen gilt dasselbe: Ist das Tempo hoch, muss es Vereinfachungsregeln geben. Die gibt es auch. Sie haben nicht die Form von Schildern oder Ampeln. Diese Regeln zeigen sich im Verhalten der anderen Sprecher und Zuhörer. Sie brauchen diese Regeln des Gesprächsverkehrs nicht explizit zu kennen. Sie müssen Sie nicht formulieren können und üben müssen Sie sie auch nicht. Wenn Sie nicht zu den wenigen Menschen mit einem völlig gestörten Sozial- und Gesprächsverhalten gehören, halten Sie sich sowieso dran. Aber auch wenn Sie die Regeln längst beherzigen, ohne sie explizit zu kennen, ist es erhellend, wenn man sie sich einmal klarmacht. Wer weiß, was er tut, hat mehr Überblick über sein Handeln – und seine Handlungsmöglichkeiten. Ferner können uns manche dieser Regeln in Argumentationen hinderlich werden und da kann es mitunter nötig sein, sie für einen Moment auszusetzen. Das geht leichter, wenn Sie die Regeln kennen. Der englische Sprachphilosoph H. Paul Grice (1913–1988) hat einige Maximen, an die wir uns in Alltagsgesprächen normalerweise halten, aufgeschrieben.

Unter Maximen versteht man in der Ethik Regeln, Richtschnüre, die uns eine Art Grundeinstellung mitgeben. Wer die richtigen Maximen befolgt, handelt richtig. Sie können unter einer Maxime eine Art »Lebensregel« verstehen. Man stirbt nicht dran, wenn man gegen sie verstößt, aber wer ein moralisch einwandfreies Leben führen will, handelt gemäß der richtigen Lebensregeln oder Maximen. Grice hat diesen Begriff auf die Kommunikationstheorie übertragen und findet sozusagen Lebensregeln der Kommunikation, an die man sich halten sollte (und an die wir uns normalerweise auch halten), damit die Kommunikation glattläuft. Er nennt diese Lebensregeln »Maximen der Unterhaltung«. Diesen Maximen vorgeschaltet ist in Grice' Theorie ein grundlegendes Prinzip, gegen das wir nicht verstoßen können, ohne dass die Kommunikation Schaden nimmt. Ich führe zunächst dieses Prinzip ein und komme dann zu den Maximen der Unterhaltung, den Lebensregeln gelingender Kommunikation.

Laut Grice ist jede Unterhaltung zwischen zwei oder mehr Gesprächspartnern ein Gemeinschaftswerk dieser Partner. Wenn die beiden nämlich nicht miteinander kommunizieren, sondern jeder vor sich hin brabbelt, dann bezeichnen wir das, was die da machen, nicht mehr als Gespräch oder Unterhaltung. Dann hätten wir es eher mit zwei Papageien zu tun, die ihre gelernten Laute von sich geben, jeder für sich, gleichzeitig, aber nicht mit Bezug aufeinander und ohne dass der eine den anderen versteht. Damit etwas überhaupt eine Unterhaltung sein kann, gilt, dass die Kommunikationspartner sich wie echte Partner benehmen müssen. Sie *müssen* zusammenarbeiten. Wenn der eine über das beste Apfelkuchenrezept spricht und der andere die Abhängigkeit der europäischen Wirtschaft vom Ölpreis diskutiert, dann geht in dieser Unterhaltung etwas sehr grundsätzlich schief. Grice nennt das grundlegende Prinzip, gegen das man nicht verstoßen kann, ohne dass aus einer gelingenden Kommunikationssituation sofort eine misslingende wird, daher: *Kooperationsprinzip*. Es lautet in seiner sprachphilosophischen Ausdrucksweise:

»Dein Redebeitrag sollte so sein, wie es an der Stelle, an der du ihn äußerst, für den von allen Gesprächsteilnehmern akzeptierten Zweck der Unterhaltung nötig ist.«[18]

Der Zweck einer Unterhaltung kann vielfältig sein; er kann, etwa in wissenschaftlichen oder juristischen Kontexten, eng umrissen sein. Er kann im Kontext einer Party recht offen und weit sein. Dennoch gilt: Wir labern nicht einfach so los ohne irgendeinen erkennbaren Zusammenhang zu dem, was die anderen Gesprächsteilnehmer zu Recht von unserem Redebeitrag erwarten dürfen. Denn der Zweck der Unterhaltung wird von allen Gesprächsteilnehmern akzeptiert. Unterhaltungszwecke gibt es vielfältige: Auf einer Party plaudern wir oft um des Plauderns willen. Das wird von allen akzeptiert und niemand wird sich ernsthaft aufregen, wenn jemand eine etwas weit abführende Meinung vertritt. Debatten im Bundestag werden nicht in diesem Plauderton geführt: Da ist der Zweck die öffentliche Diskussion strittiger Themen und es geht entsprechend hart zur Sache.

---

18 Paul Grice: »Logic and Conversation«, S. 26. Meine Übersetzung.

Dieser Zweck der Unterhaltung wird von allen Gesprächsteilnehmern *akzeptiert.* Grice behauptet *nicht,* dass sich alle Gesprächsteilnehmer vor dem Gespräch auf einen Gesprächszweck *verständigen.* Die Akzeptanz findet in aller Regel stillschweigend statt. Sprich: Es gibt in verschiedenen Gesprächssituationen verschiedene Gepflogenheiten, was als Zweck des Gesprächs von den Teilnehmern akzeptiert wird, ohne dass man darüber erst sprechen müsste.

Kommen wir nun zu den Richtschnüren, den Maximen. Wenn wir diesen Maximen gemäß handeln, halten wir das Kooperationsprinzip ziemlich sicher ein. Das gilt übrigens sowohl für Sender als auch für Empfänger, die versuchen, die Gesprächsbeiträge der Sender zu verstehen. Normalerweise. Manchmal scheint da aber auch etwas schiefzugehen. Dann machen wir, besonders wenn wir in der Empfänger-Rolle sind, gewaltige Klimmzüge, um den Sprecher so zu verstehen, dass er mit seinem Redebeitrag dem Kooperationsprinzip doch noch folgt. Das klingt jetzt abstrakt, wird aber gleich deutlicher, wenn wir die Maximen kennengelernt haben.

Hier sind sie:

1. Quantität der Information

1a) »Mache deinen Redebeitrag so informativ wie nötig.«
1b) »Mache deinen Redebeitrag nicht überinformativ.«[19]

Am leichtesten ist es, die Maximen zu verstehen, wenn wir negative Gegenbeispiele suchen. Betrachten wir den folgenden kleinen Dialog:

Willi: »Brauch ich eine Jacke?«
Mama: »Ja. Es regnet.«

Willi hat das Thema des Gesprächs und den Zweck der Unterhaltung durch seine Eingangsfrage vorgegeben. Die Mutter antwortet ganz normal: Sie macht ihren Redebeitrag so informativ wie nötig, aber nicht überinformativ.

Gegen Maxime 1a verstößt sie in folgendem Dialog:

---

19 Grice, S. 26, hier und im Folgenden meine Übersetzung.

Willi: »Brauche ich eine Jacke?«
Mutter: »Kann sein. Kann auch nicht sein.«

Der Redebeitrag der Mutter ist zu wenig informativ. Sie verstößt hier gegen die Maxime 1a. Der Sohn wird mit dieser Antwort, solange er sie wörtlich nimmt, (zu Recht!) nicht zufrieden sein. Damit Willi die Antwort der Mutter befriedigend findet, muss er einen jener geistigen Klimmzüge unternehmen, die ich angedeutet habe. Ich führe das weiter unten im Abschnitt »Klimmzüge der Interpretation« am Beispiel dieses kleinen Dialogs näher aus.

Verstöße gegen 1b können ziemlich komisch wirken, daher kennen wir sie aus Komödien; aber auch Klugscheißer verstoßen gegen 1b: Sie sagen zwar nichts Falsches, aber sie nerven, weil sie überinformativ sind.

Willi: »Brauche ich eine Jacke?«
Mutter: »Angesichts der Tatsache, dass sich aus den Quellwolken allmählich Regenwolken gebildet haben, die Luftfeuchtigkeit zugenommen hat und wir in einer Hanglage wohnen, an der Steigungsregen an der Tagesordnung ist, komme ich zu der Auffassung, dass es durchaus geraten ist, sich einen Regenschutz anzulegen, ehe man das Haus verlässt. Konkret bedeutet das für dich und mich, dass wir uns entweder Jacken überziehen oder Regenschirme mitnehmen sollten.«

Der arme Willi wird auf diese Antwort seiner Mama (ebenfalls zu Recht) verstört reagieren. Sie erfüllt nicht den Zweck der Unterhaltung. Ein simples »Ja« oder »Nein« hätte dem Jungen völlig gereicht.

2. Qualität der Information
Hier hat Grice eine Obermaxime formuliert. Sie lautet:

2) »Versuche die Wahrheit zu sagen!«[20]

---

20 Grice, S. 27.

Das soll nicht heißen, dass Lügen unverständlich wären. Aber generell gilt, dass wir versuchen sollten, möglichst das zu sagen, was wir für wahr halten, und das zu behaupten, wofür wir auch Belege haben.

Wo wir gerade bei Wahrheit und Kommunikation sind, will ich hier in einem kleinen Exkurs die Rolle der Wahrheit für gelingende Kommunikation verdeutlichen. Es geht mir dabei nicht darum, das Lügen nicht nur moralisch, sondern auch noch theoretisch zu verbieten. Wahrheit spielt in jeder Kommunikationssituation eine viel grundlegendere Rolle. Um sie zu verstehen, brauchen wir einen weiteren Sprachphilosophen: Donald Davidson.

Der amerikanische Sprachphilosoph Donald Davidson (1917–2003) ist einer der prominentesten Vertreter eines Prinzips, das seiner Meinung nach immer befolgt wird, wenn die Kommunikation zwischen Sender und Empfänger gelingt: das Prinzip der wohlwollenden Interpretation *(principle of charity)*. Dieses Prinzip befolgen wir normalerweise, wenn wir in der Rolle des Empfängers sind. Als Empfänger, Zuhörer oder Leser haben wir ja die Aufgabe, die Mitteilungen des Senders zu verstehen. Den Akt des Verstehens beschreibt Davidson als »Interpretation«. Bei Interpretation dürfen Sie nun nicht nur an das Zeug denken, das Ihnen mal ein Deutschlehrer als die korrekte Behandlung schwer verständlicher Lyrik verkauft hat, obwohl auch das ein Fall von Interpretation im Sinne Davidsons ist. Er versteht den Begriff viel grundsätzlicher: Immer wenn ein Zuhörer versucht, die Äußerung eines Sprechers zu verstehen, interpretiert er diese Äußerung. Um im Beispiel von oben zu bleiben: Die Mutter interpretiert die Äußerung von Willi in allen drei Fällen so, dass Willi wissen will, ob er eine Jacke braucht. So weit, so simpel.

Das Prinzip der wohlwollenden Interpretation besagt nun, dass wir, wenn wir in der Rolle des Empfängers sind, die Mitteilungen des Senders so interpretieren sollen, dass möglichst wenig falsche oder absurde oder sinnlose Aussagen dabei herauskommen. Oder positiv gesagt: Wir sollten die Aussagen des Sprechers, selbst wenn wir die jeweiligen Meinungen nicht teilen, stets so interpretieren, dass möglichst viele wahre Aussagen entstehen. Und das ist gerade *kein* moralisches Gebot, sondern eine Bedingung dafür, dass Kommunikation überhaupt gelingen kann.

Sie können das mit dem folgenden kleinen Gedankenexperiment selbst ausprobieren: Versuchen Sie sich vorzustellen, Sie wären von ausgemachten Vollidioten umgeben, die sich mit *jeder* Aussage irren oder kompletten Unfug von sich geben. Wenn Sie mit dieser Einstellung im Hinterkopf zehn Brötchen einkaufen, werden Sie auf Schwierigkeiten stoßen. Denn Sie zweifeln dann ja daran, dass die Bäckereifachverkäuferin bis zehn zählen kann, dass es wirklich Brötchen sind, die Sie von ihr bekommen, dass die tatsächlich zwanzig Cent pro Stück kosten und dass die Bäckereifachverkäuferin die Wahrheit sagt, wenn sie den Preis für Ihre Bestellung auf zwei Euro taxiert. Wenn Sie das alles im Ernst bezweifeln, dann haben wir irgendwie nicht mehr das Gefühl, dass Sie und die Bäckereifachverkäuferin dieselbe Sprache sprechen – ganz sicher aber ist die Kommunikation zwischen Ihnen und der Verkäuferin ziemlich grundsätzlich gestört.

Wenn wir also gegen das Prinzip der wohlwollenden Interpretation verstoßen und mithin nicht annehmen, dass unsere Gesprächsteilnehmer die Wahrheit zu sagen versuchen, misslingt die Kommunikation offensichtlich. Drehen wir das nun wieder positiv, so bedeutet das für gelingende Kommunikation, dass sich selbst Ihre Schwiegermutter gar nicht *immer* irren *kann* – auch wenn es manchmal schwerfällt, das zu glauben ... Wenn Sie den Eindruck haben, dass sie sich ständig irrt oder lügt, dann stimmt vermutlich etwas mit Ihrer Interpretation der Äußerungen Ihrer Schwiegermutter nicht.

Mit Moral hat das aber nichts zu tun. Aus diesem Grund verstehe ich auch Grice' 2. Maxime, die der Qualität von Information, nicht als moralisches Gebot. Grice buchstabiert die 2. Maxime auch noch genauer aus mit zwei Untermaximen:

2a) »Behaupte nichts, was du für falsch hältst.«
2b) »Behaupte nichts, für das du keine angemessenen Belege hast.«[21]

Wer einfach loslabert, ohne irgendwelche Belege für seine Behauptungen zu haben, missachtet den Zweck der Unterhaltung. Ebenso

---

21 Grice, S. 27.

der notorische Lügner. Wie gesagt: Dies sind Lebensregeln der Kommunikation. Befolgen wir sie, haben wir gute Chancen, dass die Kommunikation gelingt. Das heißt nicht, dass wir Lügner nicht verstehen würden. Aber wir kommunizieren mit Leuten, die wir wiederholt beim Lügen erwischt haben, anders als mit anderen Gesprächspartnern. Oder wollen Sie im Ernst mit Karl-Theodor zu Guttenberg über seine Doktorarbeit diskutieren?

3. Relation der Information
Diese Maxime mag ich besonders gern, weil ich so ein schönes Beispiel für gestörte Kommunikation habe:

3a) »Bleib bei der Sache!«[22]

Wer etwas zu einem Gespräch beisteuert, sollte auch etwas zum Thema sagen und nicht irgendetwas Irrelevantes frei hinzuassoziieren. Normalerweise halten wir uns daran. Wie gesagt ist aber gestörte Kommunikation recht weit verbreitet. In der Fernsehserie *Bones* gibt es eine Figur, die dadurch charakterisiert ist, dass sie permanent gegen diese Maxime verstößt: der Praktikant Vincent Nigel-Murray. In einer Folge liegt eine zerstückelte Leiche auf dem Seziertisch im forensischen Labor. Die Gerichtsmedizinerin und der Praktikant Nigel-Murray sollen die Todesursache herausfinden. Die Gerichtsmedizinerin weist auf die Spuren von Handschuhen hin, die der Täter auf der Brieftasche des Toten hinterlassen hat. Darauf bemerkt der Praktikant mit einem überlegenen Grinsen auf dem Gesicht: »Wussten Sie, dass Handschuhe aus Hühnerhaut der letzte Schrei des 17. Jahrhunderts waren?«[23]

Er bemerkt seinen Kommunikationsfehler direkt selbst: »Nicht sachdienlich.«

Oder anders gesagt: Der Kerl redet einfach los, was ihm in den Sinn kommt, assoziiert frei und für die Gesprächspartnerin nicht von Bedeutung, aber immer angereichert mit erstaunlichem Detailwissen.

---

22 Grice, S. 27.
23 *Bones*. Season Six, Episode 22: »Duell zum Gesang der Unglücksvögel«.

Nur eben Detailwissen, das nicht für den Gesprächszweck (Spuren eines Mörders finden) relevant ist.

Für Diskussionen gilt: Wenn Sie das Thema wechseln wollen, müssen Sie das ankündigen, indem Sie zum Beispiel sagen: »Gut, in dieser Frage scheinen wir nicht weiterzukommen, stellen wir die im Augenblick zurück. Mich interessiert noch ein anderer Punkt.« Wenn niemand etwas dagegen hat, ist ein solcher Themenwechsel legitim. Dann können Sie Ihr neues Thema vorschlagen. Aber dieser kurze Ausflug auf die Metaebene (das ist nicht mehr die Ebene, auf der Sie über ein Thema diskutieren, sondern eine Ebene höher, auf der Sie die Diskussion selbst zum Thema erklären) ist nötig, damit Ihre Gesprächspartnerinnen und Gesprächspartner nicht das Gefühl haben, Sie wären ein Vincent Nigel-Murray, der gegen die Maxime der Relevanz verstößt.

4. Art und Weise der Information

Die Art und Weise der Information hat wiederum eine Obermaxime:

4) »Drück dich verständlich aus!«[24]

Es ist ein bisschen belustigend, diese Maxime ausgerechnet von einem Sprachphilosophen zu hören, wo doch gerade Philosophen nicht im Ruf stehen, diese Maxime zu befolgen. Doch ich sehe das anders. Ich behaupte, dass Grice recht hat. Philosophen und sogar Lyriker, die schwerverständliche Texte produzieren, versuchen oft, sich verständlich auszudrücken, nur sind die ausgedrückten Gedanken, Empfindungen und Erfahrungen so komplex. Manchmal freilich ist es auch nur ein missglückter Ausdruck und tatsächlich ein Verstoß gegen diese Maxime. Und dann sind da natürlich noch die Scharlatane und Schickimicki-Philosophen, die unverständlich daherschwadronieren, um möglichst intelligent zu wirken. Dass solche Typen auch noch Anklang finden, hängt vermutlich damit zusammen, dass wir als Zuhörer so stolz auf uns sind, wenn wir das Kauderwelsch endlich geknackt und den Gedanken verstanden haben. Oder wie Friedrich Nietzsche gesagt hat:

---

24 Grice, S. 27.

»Das Unglück klarer und scharfsinniger Schriftsteller ist, dass man sie für flach nimmt und deshalb ihnen keine Mühe zuwendet: und das Glück der unklaren, dass der Leser sich an ihnen abmüht und die Freude über seinen Eifer ihnen zu Gute schreibt.«[25]

Wer sich (mit oder ohne Absicht) unverständlich ausdrückt, um schwerwiegende (und daher wichtige) Gedanken vorzutäuschen, verstößt einfach gegen die 4. Maxime von Grice. Bei solchen Sprechern ist nicht nur die Kommunikation gestört …

Seine Maxime der Verständlichkeit präzisiert Grice mit den folgenden Untermaximen:

4a) »Vermeide unklare Ausdrücke!«
4b) »Vermeide Mehrdeutigkeit!«
4c) »Vermeide unnötige Weitschweifigkeit!«
4d) »Vermeide Durcheinander in deinem Redebeitrag!«[26]

Wie gesagt: Das sind Richtlinien, Lebensregeln, die zum Gelingen der Kommunikation beitragen – und Sie müssen diese Maximen immer vor dem Hintergrund des Kooperationsprinzips (beachten Sie den Zweck der Unterhaltung) verstehen. Es kann daher zum Beispiel keine offizielle Liste unklarer Ausdrücke geben, die wir per Wörterbuch einfach aus dem Wortschatz des Deutschen löschen sollten, um die Maxime 4a zu befolgen. Denn je nach Gesprächszweck ist unterschiedliche Genauigkeit gefragt: Für Philosophen und Logiker ist es von fundamentaler Bedeutung, ob ein Argumentationsschema induktiv oder deduktiv ist. Für meine Zwecke in diesem Buch wären die Begriffe für viele Leser vor allem eins: unklar.

Mit meinem Vornamen haben meine Eltern keinen Preis in Sachen Originalität gewonnen (was auch nicht ihr Ziel war). Wir waren in der Schule drei Christians. Die meisten Schülerinnen und Schüler gewöhnten sich daher an, uns beim Nachnamen zu nennen, sodass keiner »Christian« genannt wurde. Das war einerseits cool, anderer-

---

25 Nietzsche: *Menschliches, Allzumenschliches* I, 181.
26 Grice, S. 27.

seits folgten wir Schüler somit der Maxime 4b. Denn der Name Christian war (bei drei Christians in einer Klasse) mehrdeutig geworden.

Leute, die 4c nicht beachten, kennen wir alle: Da hängen Sie am Telefon und die Uschi kommt mal wieder nicht zum Punkt, dabei wollten Sie eigentlich nur wissen, ob Sie sie am Sonntag zum Kaffee erwarten dürfen. Aber Uschi erzählt und plaudert und bald wissen Sie nicht nur, ob sie am Sonntag kommen wird, sondern auch mit welchem Verkehrsmittel und wo sie glaubt, bei Ihnen in der Nähe einen Parkplatz finden zu können und so weiter und so fort. Auch hier gilt: Ob jemand weitschweifig wird oder nicht, hängt wesentlich vom aktuellen Zweck der Unterhaltung ab. Wenn Sie Uschi während Ihrer (total stressigen) Arbeitszeit anrufen und nur kurz wissen wollten, ob sie am Sonntag kommen wird, interessiert Sie ihre Parkplatzsuchstrategie herzlich wenig. Wenn Uschi dann am Sonntag da ist und sie Zeit zum Plaudern haben, kann ein Austausch über das Thema Parkplatzsuche durchaus dem Zweck des Gesprächs (der Zweck: fröhliches Beisammensein und bei einem Stück Torte Konversation treiben) dienen.

Auch um 4d zu illustrieren, ist ein negatives Beispiel erhellend. Ich selbst habe ja keinen Chef. Aber unter meinen Freunden, die angestellt sind, höre ich immer wieder Geschichten von Meetings, die ungefähr nach dem folgenden Muster ablaufen.

Der Chef eröffnet die Sitzung mit den Worten: »Ich brauche die Fotos!«

Mitarbeiter 1–3 sehen sich ratlos an oder schauen betreten auf den Boden.

Chef: »Außerdem lesen wir alle Korrektur, damit da nicht wieder was schiefgeht. Sind die Computerfritzen endlich fertig? Das Zeug muss doch in den Druck! Wer führt die Korrekturen zusammen?«

Mitarbeiter 1 kapiert nichts mehr. Mitarbeiter 2 weiß nicht, um welches Druckerzeugnis es geht. Mitarbeiter 3 weiß zwar, dass die Computer auf eine neue Version geupdated werden sollen, versteht aber den plötzlichen Druck dahinter nicht.

Chef: »Also los, worauf wartet ihr? Der Newsletter muss raus!«

Na endlich! Beim Stichwort »Newsletter« macht es bei allen »klick«. Der sollte raus und dafür, das hatte der Chef gesagt, sollte die neue

Programmversion benutzt werden, was die Arbeit des Setzers einfacher und mithin billiger macht. Die für den Newsletter noch fehlenden Fotos hat Mitarbeiter 1 längst auf den Tisch des Chefs gelegt. Und dass jeder Korrektur lesen soll, finden auch alle sinnvoll. Mitarbeiterin 3 übernimmt gerne die Zusammenführung der verschiedenen Versionen.

Der Chef macht in diesem sicherlich – nein: hoffentlich – übertriebenen Beispiel den Fehler, dass er gegen die Maxime 4d verstößt: Sein Redebeitrag ist so wirr, dass seine Gesprächspartner lange Zeit über das Ziel der Mitteilung rätseln. Das ist kein sehr konstruktives Meeting …

Die Kommunikation zwischen Chef und Mitarbeitern wäre leichter gelungen, wenn der Chef seinen Beitrag besser sortiert hätte:

1. Worum geht es?
2. Was ist zu tun?
3. Wer erledigt was bis wann?

Im Beispiel ungefähr so in dieser Preisklasse:

Chef: »Der Newsletter soll morgen rausgehen. Mir fehlen noch Fotos. Wer liefert mir die bis heute um fünf Uhr?«
Mitarbeiter 1: »Liegen schon auf Ihrem Schreibtisch, Chef.«
Chef: »Gut. Die Computer müssen geupdated werden, damit die Setzerei billiger wird. Wer kümmert sich darum?«
Mitarbeiter 2 nickt.
Chef: »Und: Wir sollten dieses Mal alle Korrektur lesen, im letzten Newsletter hatten sich noch Fehler eingeschlichen. Also plant noch eine Stunde vor Feierabend dafür ein. Bis dahin schaffen wir das.«

Wie gesagt: Die Maximen sind Lebensregeln der Kommunikation. Wer gegen Lebensregeln der Moral verstößt, stirbt nicht automatisch. Und wenn wir gegen Lebensregeln der Kommunikation verstoßen, bricht diese nicht automatisch zusammen. Es wird dann nur etwas anstrengender für den Empfänger, die Sache wieder ins Lot zu bringen.

Somit kommen wir zu den angekündigten geistigen Klimmzügen.

Klimmzüge der Interpretation

Schauen wir noch einmal auf das Beispiel von Willi und seiner Mutter von oben.

Willi: »Brauche ich eine Jacke?«
Mutter: »Kann sein. Kann auch nicht sein.«

Ich hatte gesagt, dass Willi, *solange er die Äußerung seiner Mutter wörtlich nimmt*, nicht mit der Antwort zufrieden sein kann. Was aber tun wir als Empfänger einer solchen Nachricht? Willi wird diese Antwort *nicht* wörtlich nehmen. Er muss, wenn er annimmt, dass die Mutter nicht gegen das Kooperationsprinzip (»Gestalte deinen Redebeitrag so, dass er zum Gesprächszweck passt!«) verstößt, ihre Äußerung uminterpretieren. Dazu ist er berechtigt. Denn der Verstoß gegen Maxime 1a ist offensichtlich.

Was Willi nun macht, ist der oben erwähnte Klimmzug, den wir als Empfänger einer Mitteilung gelegentlich unternehmen müssen: Wenn jemand offensichtlich und allem Anschein nach absichtlich gegen eine der Grice'schen Gesprächsmaximen verstößt, nehmen wir seinen Redebeitrag meistens nicht mehr wörtlich. Richtschnur für unsere Neu-Interpretation sind dabei die Grice'schen Maximen. Wir versuchen also, die Äußerung unserer Gesprächspartnerin so zu *verstehen*, dass sie möglichst gegen keine der Maximen verstößt. Wie kann Willi die Äußerung der Mutter so uminterpretieren, dass sie nicht mehr uninformativ ist?

Um diese Frage zu beantworten, müssen wir den Kontext der Äußerung, sozusagen den Background von Mutter und Sohn etwas besser kennen. Nehmen wir an, dass die Mutter Willi schon oft gesagt hat, dass er selbst aus dem Fenster schauen soll, wenn er wissen will, wie das Wetter ist. Nehmen wir ferner an, dass Willi in einem Alter ist, in dem er dazu in der Lage ist, sich selbst dem Wetter angemessen zu kleiden. In diesem Fall würde die Mutter Willi mit ihrer Äußerung »Kann sein. Kann aber auch nicht sein« zu verstehen geben: »Guck selbst aus dem Fenster, um das zu entscheiden. Dazu bist du alt genug!« Entscheidend für das Gelingen der Kommunikation zwischen Mutter und Sohn ist also in so einem Fall nicht das, was die Mutter *sagt*. Entscheidend ist vielmehr, dass der Sohn versteht, was die Mutter *meint*.

Grice trägt mit seiner Theorie dem Umstand Rechnung, dass es einen gewaltigen Unterschied geben kann zwischen dem, was ein Satz auf der wörtlichen Ebene bedeutet, und dem, was der Sprecher oder die Sprecherin in der jeweiligen Situation mit der Äußerung dieses Satzes zu verstehen geben will. Betrachten wir noch einmal die beiden Äußerungen der Mutter.

»Kann sein. Kann auch nicht sein.«

»Guck selbst aus dem Fenster, um das zu entscheiden. Dazu bist du alt genug!«

Diese Sätze haben *nicht* dieselbe Bedeutung. Sie haben fast nichts gemeinsam – mal abgesehen davon, dass sie Sätze des Deutschen sind. Damit Sie Ihren Gesprächspartner in der Diskussion richtig verstehen – und das sollten Sie, denn Sie müssen wissen, wo Ihr Feind steht, sonst verheddern Sie sich in ergebnislosen Scheindebatten – müssen Sie auf das achtgeben, was Ihr Gesprächspartner Ihnen zu verstehen geben will. Egal mit welchen Worten!

Daher mein Rat: Pfeifen Sie auf die wörtliche Bedeutung! Schmeißen Sie Ihr inneres Wörterbuch weg! Vergessen Sie die Sprach-Aposteln, die Ihnen richtiges und gutes Deutsch eintrichtern wollen! Sie müssen in einem Gespräch *verstehen*, was Ihr Gegenüber *meint*, wenn Sie sich mit ihr oder ihm unterhalten (oder gar einigen) wollen. Wer auf der wörtlichen Bedeutung einer Äußerung beharrt, verhindert letztlich gelingende Kommunikation, und das wird in den meisten Fällen nicht in Ihrem Interesse sein.

Wie aber stellt man sicher, dass man erfasst hat, was der Sender meinte? Für dieses Problem haben schon die alten Griechen eine Bilderbuchlösung gefunden. Und ich wüsste keinen Grund, nach einer besseren zu suchen, denn die alte Strategie der Griechen funktioniert noch immer tadellos. Doch bevor ich sie (im Kapitel 3.1.1) erläutere, sei noch rasch in die Grundlagen der Rhetorik eingeführt.

2.2 Geschickter Vortrag

Gehen wir davon aus, dass Sie Argumente, die für Ihre Meinung sprechen, gefunden haben und sie zu einer logisch einwandfreien, sauberen Argumentation zusammengebaut haben. Dennoch kommt es immer wieder vor, dass Ihnen keiner zuhört. Sie kommen in Diskussionen nicht zu Wort. Der Chef hält Sie offenbar für blöd und fährt Ihnen immer über den Mund, wenn Sie diesen öffnen. Oder aber: Ihre Gesprächspartner hören Ihnen zwar zu, verstehen Sie aber nicht. Irgendwie scheinen die zu dumm zu sein. Oder: Sie finden beim Schreiben (oder Reden) einfach nicht die richtigen Worte, um das, was Ihnen doch im Geiste so klar ist, auch rüberzubringen.

Was tun?

Zunächst einmal: In Diskussionen gewinnt leider nicht immer das bessere Argument. »Sich durchsetzen«, »sich Gehör verschaffen« sind Ausdrücke, die eine etwas schiefe Assoziation von Kommunikationssituationen nahelegen. Diese Formulierungen klingen nämlich so, als läge es allein in der Verantwortung des Senders, ob der Empfänger seine Mitteilung auch versteht. Dem ist aber, wie wir mit Grice im ersten Abschnitt dieses Kapitels gesehen haben, nicht so: Kommunikation (und Diskussionen sind Fälle von Kommunikation) kann nur gelingen, wenn Sender und Empfänger *kooperieren*. Wenn Ihr Chef also partout nicht zuhören *will*, müssen Sie zunächst versuchen, überhaupt wieder eine Grundlage für Kommunikation zu schaffen. In so einem Fall brauchen Sie *und* Ihr Chef (denn es ist ja fehlende Kooperation, die Ihnen und dem Chef zu schaffen macht) vielleicht Hilfe von dritter Seite – die aber ist so individuell verschieden, dass ich im Rahmen dieses Buches gar nichts dazu sagen kann. Dennoch ist mir das Beispiel vom Chef und dem Angestellten, der nicht gehört wird, obwohl er vielleicht etwas Wichtiges zu sagen hat, wichtig. Denn es zeigt, dass sich leider, leider nicht immer die Vernunft durchsetzt – sonst hätten wir Hungersnöte auf der Welt längst abgeschafft und auf deutschen Autobahnen ein Tempolimit …

Die Frage, *wie* man jemanden mit Argumenten überzeugt, gehört nicht in den Bereich der Logik, sondern in den der Rhetorik. Hier sind sprachliche Fähigkeiten gefragt. Manche Menschen sind da ta-

lentierter, andere wirken selbst in vorbereiteten Reden noch unbehol-
fen und hölzern und neigen zu sprachlichen Fehlleistungen. Ein paar
Grundlagen kann man aber lernen. Die klingen zum Teil fürchterlich
nach Deutschstunde, zum Teil sind sie vielleicht für Sie banal. In entspannter Atmosphäre werden Sie diese Grundsätze befolgen, und zwar
ganz automatisch. Aber in angespannten, stressigen Situationen kann
es vorkommen, dass wir die banalsten Grundsätze missachten und
genau daraus können Schwierigkeiten entstehen. Also betrachten wir
zunächst vier Grundsätze und wenden uns dann, falls noch immer
Schwierigkeiten bestehen, meiner Minimal-Deutschstunde zu.

1. Grundsatz: Man kann nicht *nicht* kommunizieren.

Zunächst sollten Sie sich Folgendes klarmachen: Selbst wenn Sie
schweigen, können Sie noch etwas mitteilen. Selbst Ihre pure Präsenz
(und sogar Ihre Abwesenheit) kann von anderen Partnern der Situation als Meinungsäußerung interpretiert werden. Stellen Sie sich zum
Beispiel vor, dass Sie sich mit einem Kollegen gestritten haben. Der
Kollege hält abends eine Rede auf einem Empfang. Es steht Ihnen
frei, zu diesem Empfang zu gehen oder nicht. Egal, wie Sie sich entscheiden: Ihr Kollege wird Ihr Erscheinen ebenso wie Ihr Nicht-Er-
scheinen interpretieren, als wäre es eine Meinungsäußerung. Dagegen
können Sie nichts tun. Selbst wenn Sie gar nichts mitteilen möchten,
können Sie so interpretiert werden, als würden Sie etwas mitteilen.

Paul Watzlawick hat dieses Phänomen in dem berühmten Slogan
formuliert:

Man kann nicht *nicht* kommunizieren.[27]

Slogans, besonders wenn sie so knackig formuliert werden, wirken
stets sehr einleuchtend. Leider auch dann, wenn sie nicht ganz richtig sind. So ist es auch in diesem Fall. Der Slogan ist stilistisch genial
formuliert, eingängig und einleuchtend. Nur ist er dummerweise
inhaltlich etwas schief. Denn wenn ich jemanden übersehe oder nicht
mit ihm spreche, kann mein Gegenüber das zwar als Ignoranz *inter-*

---

27 Watzlawick; Beavin; Jackson: *Menschliche Kommunikation*, S. 51.

pretieren, das heißt aber nicht, dass ich eine Mitteilung – sei sie non-verbal oder verbal – gesendet habe, die diese Interpretation rechtfertigt. Ich habe ihn vielleicht wirklich übersehen. Wenn ich nicht die *Absicht* hatte, eine entsprechende Mitteilung zu senden, würde ich nicht von Kommunikation sprechen wollen. Wohl aber von Interpretation auf Seiten des Empfängers. In dieser Frage hat Watzlawick zweifelsohne recht: Wir können uns nicht dagegen wehren, dass unser verbales und non-verbales Verhalten jederzeit von Partnern in der jeweiligen Situation *interpretiert* wird – das lässt aber doch die Möglichkeit zu, dass man nicht *kommuniziert*. Diese Formulierung halte ich zwar für richtiger. Knackig ist sie allerdings nicht ausgefallen …

Also merken Sie sich lieber den Watzlawick-Satz, auch wenn er etwas schief ist. Aus Watzlawicks Beobachtung folgt, dass der Chef, der so tut, als würde er Sie ignorieren, Sie und Ihr Verhalten vermutlich ziemlich genau wahrnimmt und ständig interpretiert. Er muss schon ein echter Künstler darin sein, Leute auszublenden, wenn er es nicht tut, falls er einigermaßen eng mit Ihnen zusammenarbeitet.

2. Grundsatz: Wenn Sie wissen, was Sie sagen wollen, dann können Sie es auch sagen.

Wer weiß, was er (oder sie) sagen will, kann es auch sagen. Daraus folgt im Umkehrschluss, dass Sie, wenn Sie Schwierigkeiten haben, Ihre Position zu formulieren, vielleicht nicht ganz genau wissen, was Sie eigentlich sagen wollen. – Das heißt nicht, dass Sie dumm sind, sondern dass der Punkt, den Sie machen wollen, vielleicht verzwickter ist, als Sie dachten. Wenn Sie Ihre Meinung sogar im stillen Kämmerlein nicht sauber zu Papier bringen können, treten Sie noch einmal einen Schritt zurück und fragen sich: Wo liegt die Schwierigkeit? Warum kann ich diesen Punkt nicht formulieren? Was genau kriege ich nicht aufs Papier? Was behaupte ich eigentlich? Welche Unterpunkte und Voraussetzungen spielen dabei eine Rolle? Manchmal klären sich Fragen schon, indem man sie sich stellt.

Das soll aber nicht heißen, dass Sie *zuerst* nachdenken und *dann* formulieren sollten. Denn einen Gedanken zu formulieren ist ja etwas, bei dem wir nachdenken. Und nicht selten wird gerade beim Formulieren eine Schwierigkeit erst deutlich. Wenn Sie aber solche

Schwierigkeiten haben, dann feilen Sie nicht an schönen, fehlerfreien Formulierungen, sondern gehen Sie zunächst den gedanklichen Schwierigkeiten auf den Grund: Versuchen Sie, Ihren Gedanken so zu formulieren, wie Sie ihn meinen. Um die Schönheit, Knackigkeit, Verständlichkeit und was die Stilistik sonst noch ausmacht, können Sie sich dann immer noch im zweiten Schritt kümmern. Komplexe Gedanken sauber zu formulieren ist ein ähnlich langsames Geschäft wie die Bildhauerei: Man muss zuerst die Rohform herausarbeiten, ehe man sich mit dem Schleifpapier an die Feinheiten macht.

3. Grundsatz: Der Reihe nach!

In Diskussionen gilt: Benennen Sie erst das Problem, suchen Sie dann nach der Lösung. Formulieren Sie erst Ihre These und beginnen Sie nicht mit irgendeinem Ihrer Argumente. Vielleicht ist die These ja gar nicht strittig?

Adam: »Wir sind schon die letzten zwei Jahre nicht nach Italien in den Urlaub gefahren, das ist jetzt echt mal wieder dran! Und das Haus von Umberto können wir auch zu einem super Preis kriegen. Das ist doch im Endeffekt nicht nur schöner, sondern sogar billiger als die Nordsee. Dir tut das auch mal gut, wenn du was anderes siehst, als immer nur diese Schickeria von Sylt.«
Eva: »Kein Problem. Ich wollte auch vorschlagen, mal wieder nach Italien zu fahren.«

Adam verhält sich in diesem Dialog weder geschickt noch freundlich. Würde er erst seine These formulieren, hätte er sich den ganzen Schwall seiner guten Argumente sparen können. Eva war ausnahmsweise von vornherein seiner Meinung: Es gab hier gar keinen Konflikt. Formulieren Sie also erst einmal Ihre Position, Ihre These oder im Fall von lebenspraktischen Überlegungen das Problem, das es zu lösen gilt. Im Sinne des Kooperationsprinzips von Grice sollten Sie zuerst sicherstellen, dass Sie und Ihre Diskussionspartner die Diskussion mit derselben Zielsetzung führen. Das klingt natürlich, so grundsätzlich, wie es ist, banal. Aber es sind manchmal Banalitäten, die zu den größten Missverständnissen und Verwicklungen führen.

4. Grundsatz: Probleme lösen, nicht erklären!

Auch diesen Grundsatz halte ich für wichtiger als die schönste und blumigste Formulierungskunst: Bleiben Sie sachlich! Auch wenn es manchmal schwerfällt. Wenn Sie und Ihr Gesprächspartner die Probleme, die es zu lösen gilt, im Blick haben, geraten Sie nicht so leicht in Versuchung, die Person, die für die eine oder andere Position streitet, zu attackieren.

Als Autor kann ich ein Lied davon singen. Nein, eigentlich sind es zwei Lieder. Das eine ist das fröhliche Lied von der erfolgreichen Zusammenarbeit mit einer Lektorin. Das andere ist der Grunge-Rock-Song, der mich in den Wahnsinn und den Lektor zur Verzweiflung treibt. Wenn der Lektor sachlich auf die Probleme des Textes hinweist, Verbesserungsvorschläge macht, habe ich überhaupt keine persönlichen Schwierigkeiten: Wir benennen die Probleme des Textes und suchen gemeinsam nach Lösungen. Wenn aber, was zum Glück höchst selten der Fall ist, der Lektor (oder die Lektorin) nach *Gründen* für die Probleme des Textes in der Person des Autors sucht, dann sträuben sich mir nicht nur die spärlichen Nackenhaare: Dann will ich mich rechtfertigen und verteidigen.

Dabei ist konstruktives Kritisieren so leicht: Formulieren Sie keine Vorwürfe, unterstellen Sie nichts und versuchen Sie auch gar nicht erst, das Problem zu *erklären*. Versuchen Sie das Problem zu *lösen* und argumentieren Sie für Ihre Lösungsstrategie!

Das klingt nicht nur einfach, das ist es auch. Aber wie gesagt: Im Eifer des verbalen Gefechts ist es mitunter nicht leicht, selbst das Simple richtig zu machen. Das gilt übrigens nicht nur für den Streit mit dem Nachbarn über die Frage, wem der Apfelbaum auf der Grundstücksgrenze gehört. Das gilt sogar in der vermeintlich so sachlichen Welt der Wissenschaftler und Philosophen: Wittgenstein war ein trauriger Meister darin, sachliche Fragen sehr persönlich zu nehmen – für ihn war es ein *moralisches* Versagen, wenn er sich irrte.

Gleiches gilt, wenn Sie nach einer technischen Lösung suchen. Wenn zum Beispiel ein Ingenieur und eine Mathematikerin für ein Projekt eine Simulation erarbeiten, dann sind ihre Perspektiven so verschieden (der Ingenieur hat gelernt, dass gut ist, was funktioniert;

die Mathematikerin, dass gut ist, was korrekt ist), dass sie sich leicht gegenseitig für dämlich oder weltfremd halten, statt auf die Lösung des Problems zu schauen.

Nicht zuletzt gilt die Trennung von Problem und Person natürlich auch in lebenspraktischen Fragen. Da diese Trennung so wichtig ist, bediene ich mich noch einmal des Schwiegermutter-Beispiels. Weil ich glaube, dass wir die Frage, ob sie mit in den Urlaub darf oder nicht, einer Lösung nun entscheidend näher bringen können. Roger Fisher, William Ury und Bruce Patton haben in Ihrem berühmten Buch über Verhandlungstechnik *Das Harvard-Konzept*[28] auf die Trennung von Person und Problem hingewiesen. Sie sagen, dass man sich nicht auf *Positionen* festlegen soll, sondern die mit den Positionen verbundenen *Interessen* in den Blick nehmen sollte, um geschickt (und fair) zu verhandeln. In unserem Kontext ist das Verhandeln zwar nicht das vordergründige Interesse, sondern die Diskussion, aber die Trennung von Position und Interesse ist auch hier hilfreich. Denn sie ermöglicht es, den Horizont für mögliche Argumente zu erweitern. Nun aber endlich zum Schwiegermutterproblem. Schauen wir uns die beiden Positionen an.

Die Position des Schwiegersohnes: Die Schwiegermutter kommt nicht
    mit in den Urlaub!
Die Position der Schwiegermutter: Ich komme mit in den Urlaub!

So wie sie dastehen, sind die Positionen unvereinbar, denn es gilt (rein logisch): Entweder sie kommt mit, oder sie kommt nicht mit. Ein Drittes gibt es nicht. Die *Positionen* sind also miteinander unvereinbar. Das aber heißt nicht (und das ist der Pfiff im Harvard-Konzept), dass auch der *Konflikt* zwischen Schwiegersohn und Schwiegermutter unlösbar ist. Denn der Konflikt besteht nicht hinsichtlich der Positionen (wenn, dann wären beide dogmatische Dickschädel, und mit dogmatischen Dickschädeln lässt sich bekanntlich nicht lösungsorientiert diskutieren und kaum verhandeln), sondern hinsichtlich

---

28 Fisher; Ury; Patton: *Das Harvard-Konzept*. Vgl. zum Folgenden insbesondere S. 69 ff.

der *Interessen.* Da Interessen die Gründe dafür sind, warum jemand diese oder jene Position vertritt, findet man die Interessen heraus, indem man fragt: »Warum?«

Warum also will die Schwiegermutter mitfahren? Was ist ihr Interesse? Vielleicht will sie mehr Zeit mit ihrer Tochter verbringen. Vielleicht ist sie eifersüchtig. Vielleicht will sie endlich raus aus ihrer kleinen Wohnung und hat sonst niemanden, mit dem sie fahren kann. Und warum will der Schwiegersohn die Schwiegermutter nicht mitnehmen? Was ist sein Interesse? Vielleicht will er ausgelassenen Sex mit seiner Frau haben und will nicht, dass die Schwiegermutter etwas davon mitkriegt. Vielleicht möchte er mit seiner Frau wandern und die Schwiegermutter ist nicht gut zu Fuß. Vielleicht mischt sich die Schwiegermutter in alle Alltagsangelegenheiten ein. Vielleicht ist er eifersüchtig. Und um das Trio vollzumachen, müssen wir nun endlich auch mal die Tochter und Ehefrau zu Wort kommen lassen. Die wurde von beiden Streithähnen bisher nur als Objekt der Begierde betrachtet, aber nicht als Subjekt, das selbst eine Entscheidung treffen kann und will. Was also will die Ehefrau? Vielleicht hat sie ein Interesse daran, mit ihrem Mann eine entspannte Zeit zu verbringen (mit ausgelassenem Sex). Vielleicht fühlt sie sich aber auch verantwortlich ihrer Mutter gegenüber, die sie nicht allein zu Hause im Stich lassen will.

So unvereinbar die Positionen auch waren, die Interessen lassen mit etwas Phantasie kreative Lösungen zu: Das Ehepaar könnte erst eine Woche allein fahren (für den ausgelassenen Sex und die Wanderungen) und die zweite Urlaubswoche dann ganz sittsam mit Schwiegermama verbringen. Die Tochter könnte eine Reise mit ihrer Mutter unternehmen und eine zweite Reise mit ihrem Mann. Die Schwiegermutter könnte sich Freunde suchen (was eine nachhaltige Wirkung auch für sie selbst hätte), mit denen sie auch verreisen möchte. Und so weiter. Die Parolen dieses vierten und letzten Grundsatzes lauten daher:

1. Schauen Sie auf die Probleme und Lösungen, nicht auf die Person!
2. Bleiben Sie sachlich!
3. Es geht um die Interessen, nicht um Positionen!

Wenn Sie das befolgen, werden Sie ganz automatisch Probleme lösen, statt sie zu erklären.

Soweit zu den vier Grundsätzen. Wenn es Ihnen gelingt, die vier genannten Grundsätze im Augen behalten, dann sind Sie für jedwede Diskussion schon viel besser gerüstet, als es die schönste Rhetorik vermitteln kann.

Minimal-Deutschstunde

Die Grundsätze 2–4 sind nur Grundsätze. Was tun, wenn Sie die berücksichtigen und noch immer stammeln und stottern und einfach nicht gehört werden, weil Sie Ihre Gedanken nicht so richtig gut formuliert kriegen? Für diesen Fall gebe ich hier ein paar weitere Tipps und Hinweise in meiner Minimal-Deutschstunde. Minimalistisch ist sie in zwei Hinsichten: erstens inhaltlich und zweitens der Länge nach. Eine *maximale* Deutschstunde würde erstens das Buch und seinen Rahmen sprengen. Und zweitens halte ich es ohnehin für gescheiter, wenn Sie sprechen, wie Ihnen der Schnabel gewachsen ist.

Wie können Sie Ihren Redebeitrag überzeugender gestalten? Das kommt natürlich sehr auf die Situation an. Auf einer Party können Sie blumiger und witziger sein als in der Disputation Ihrer Dissertation. Im Plenarsaal des Bundestages dürfen Sie auch mal aggressiv auftreten, auf dem Flur können Sie dann wieder versöhnlicher auf Ihre Kollegen der anderen Fraktionen zugehen. Wo Hierarchien zementiert sind oder Machtgefälle in eine Diskussion hineinspielen, gehört gelegentlich Fingerspitzengefühl dazu.

Wenn Sie aber bei Ihrem Gegenüber nicht so recht ankommen, sollten Sie die folgenden vier Punkte beachten:
1. Verständlichkeit
2. Klarheit
3. Kürze
4. Abwechslung

1. Verständlichkeit

Wenn Sie Schwierigkeiten haben, einen Gedanken verständlich auszudrücken, kann das zwei Ursachen haben:

a. Etwas an dem Gedanken ist unklar oder verworren.

Das hatten wir schon beim 2. Grundsatz von oben thematisiert:
Wer weiß, was er sagen will, kann es auch sagen.
b. Etwas an Ihrer Formulierung ist unklar oder verworren.

Zu a habe ich oben gesagt, was zu sagen war. Sie sollten diese Möglichkeit in Betracht ziehen. Es bringt nichts, an hübschen Formulierungen zu feilen, wenn der zugrunde liegende Gedanke nicht klar ist – das wäre so, als würden Sie die Tapete anbringen wollen, ehe Sie mit dem Rohbau Ihres Hauses beginnen.

Zu b empfehle ich drei sprachliche Tricks, die leicht zu lernen und zu beachten sind und möglichst große Verständlichkeit herstellen. Am Einfachsten ist das wiederum im Fall der Schriftlichkeit, denn nun gilt es, Grammatik zu treiben und Wörter zu zählen.

Syntaktische Ordnung

Schreiben Sie Ihre Sätze gemäß der Grundform auf: Subjekt, Prädikat, Objekt.

Der Satz »Dieser Hund hat Otto ins Bein gebissen« ist leichter verständlich als der Satz »Ins Bein hat dieser Hund Otto gebissen«.

U 18

Diesen Tipp kann ich selbst zwar nicht leiden, aber es wäre unfair, ihn nicht zu nennen: Vermeiden Sie zu lange Sätze. Richtwert: Zu lang ist ein Satz, wenn er mehr als 18 Wörter hat. Diesen Tipp kann ich aus ästhetischen Gründen nicht leiden. Es gibt so schöne lange Sätze! Und ich glaube sogar, dass Immanuel Kant, der eine Menge Sätze geschrieben hat, die über eine halbe Seite gehen, ein Meister der Klarheit ist. Aber Klarheit ist eben nicht immer dasselbe wie Verständlichkeit. Dann nämlich, wenn der formulierte Gedanke nicht verworren, aber sehr komplex ist. Und leicht verständlich ist die *Kri-*

tik der reinen Vernunft nun mal nicht … Also: Wenn Sie leicht verstanden werden wollen, packen Sie nicht mehr als 18 Wörter in einen Satz. Wenn es mehr werden, machen Sie aus dem einen langen Satz lieber zwei (oder drei) kurze.

Aktiv formulieren

Formulieren Sie aktive Sätze. Passivsätze und Pseudo-Passivsätze sind tendenziell unklar, weil sie das Subjekt des Satzes verschleiern. Unter Pseudo-Passivsätzen verstehe ich Sätze, in denen das Wort »man« vorkommt.

»Es wird vermutet, dass der Präsident Sex mit einem Wildschwein hatte.«
»Man vermutet, dass der Präsident Sex mit einem Wildschwein hatte.«

Können Sie sich vorstellen, wer da etwas vermutet? Ist das der Tratsch der Straße? Ist es ein Scherz? Ist das ernst gemeint? In diesen Sätzen ist nicht erkennbar, wer denn diese ungeheuerliche Vermutung anstellt. Aktiv wären folgende Sätze, die nicht nur zu einem Mehr an Klarheit, sondern auch zu einem Mehr an Information zwingen:

»Die Redaktion der Satirezeitschrift mutmaßt, dass der Präsident Sex mit einem Wildschwein hatte.«
»Aus gut unterrichteten Kreisen heißt es, dass der Präsident Sex mit einem Wildschwein hatte.«
»Seine zweite Ex-Frau deutete im Hintergrundgespräch an, dass der Präsident Sex mit einem Wildschwein hatte.«

Zum aktiven Formulieren gehört auch, Substantivierungen zu vermeiden. Substantivierungen sind dann hilfreich, wenn Sie unverständliches Bürokraten-Deutsch schreiben wollen. Ich meine das noch nicht mal wertend: Manchmal ist ja so ein Bürokraten-Ton zweckdienlich. Nur: Verständlich ist das Zeug meist nicht gerade. Nehmen wir an, dass Sie Ihren Vermieter dazu bringen wollen, etwas gegen die Taubenplage auf dem Dach zu tun. Mit möglichst vielen Substantivierungen könnten Sie den folgenden Satz schreiben:

»Der Taubenbesatz auf dem Dach und die mit ihm einhergehende Verunreinigung der Fenster durch Exkremente steigert das Unwohlsein unsererseits erheblich.«

Verständlicher wird die Formulierung, wenn Sie die Substantivierungen mit Verben beseitigen:

»Die Tauben sitzen auf dem Dach und machen uns die Fenster voll. Das ist ekelhaft!«

Aber wie gesagt: Gegen die Substantivierungen ist *per se* nichts zu sagen. Manche Vermieter springen vielleicht darauf an, wenn Sie sich bürokratisch ausdrücken (und möglichst noch Paragraphen und Aktenzeichen angeben). Mir ging es hier nur um die *Verständlichkeit*. Und leichter zu verstehen ist die aktive Formulierung mit den Verben.

Soweit das Minimum zur Verständlichkeit.

2. Klarheit

Klarheit in eine Formulierung (ob mündlich oder schriftlich) zu bringen, hat vor allem mit Einfühlungsvermögen zu tun: Denn was für den einen glasklar ist, klingt für den anderen ganz neu und verworren und für den dritten banal und langweilig. Das liegt nicht etwa daran, dass Klarheit ähnlich subjektiv wäre wie ästhetische Werturteile. Das liegt vielmehr am unterschiedlichen Wissensstand der Empfänger.

Wer seine Mitteilung klar und deutlich an den Empfänger bringen will, der muss daher wissen, wo er den Empfänger »abholt«. Es macht zum Beispiel einen gewaltigen Unterschied, ob wir mit Grundschülern oder Fachleuten über Erkenntnistheorie diskutieren.

In diesem Punkt ist die *mündliche* Debatte klar im Vorteil: Sie sehen an der Reaktion Ihrer Gesprächspartnerin, ob sie Sie verstanden hat. Wenn Sie dagegen *schriftlich* klar formulieren wollen, müssen Sie sich Gedanken über die Zielgruppe machen: Wer wird das lesen? Wer soll das verstehen? Was weiß der- oder diejenige über das Thema? Wissen wir gleich viel? Habe ich einen Wissensvorsprung?

Oder habe ich im Vergleich zum Adressaten meiner Schrift möglicherweise ein Wissensdefizit?

Da dies individuell und von Fall zu Fall verschieden ist, kann ich hier keine konkreteren Hinweise geben. Sie müssen sich in Ihren Gesprächspartner, den Empfänger, einfühlen, Sie müssen irgendwie erraten, wo Sie ihn abholen müssen. Pauschale Tipps wie »Vermeiden Sie Fremdwörter« sind zwar beliebt, aber unsinnig. Wenn Sie mit einem Fachmann sprechen, sollten Sie auch Fachterminologie verwenden – und zwar gerade um der Klarheit willen. Denn dann wissen Fachleute auch, wovon Sie reden und was Sie meinen, sprich: Dank der Fremdwörter sind Ihre Formulierungen *für die Fachleute* klar.

3. Kürze

Wenn Sie Ihre These vorgetragen, Ihr Argument genannt haben, *dann warten Sie!* Reden Sie nicht einfach weiter! »Zulabern« bringt Sie nicht weiter und führt (zumindest bei mir) dazu, dass der Gesprächspartner mehr auf den Klang Ihrer Stimme als auf den Inhalt der Mitteilungen achtet. – Ich weiß, dass es nicht leicht ist, gerade in hitzigen Debatten nach einem guten Argument den Mund zu halten. Aber es gibt Leute, die das perfekt beherrschen: Sagen Sie Ihren Satz. Und dann lassen Sie den anderen zappeln. Wenn Sie jetzt schon mit dem nächsten Argument kommen, bringen Sie ihn um die Möglichkeit, sich an Ihrem (wie ich hoffe) verflixt guten Argument abzuarbeiten.

Gleiches gilt übrigens »nach getaner Arbeit«. Wenn Sie eine Einigung erzielt haben: Halten Sie die Klappe! Wenn Sie jetzt Argumente wiederholen, blasen Sie möglicherweise in eine noch leicht glimmende Glut und entfachen das Feuer der Debatte erneut.

4. Lebendigkeit

Stil zu unterrichten war in der Antike sehr beliebt. Seit der Aufklärung ist es verpönt. Goethe und die Freunde des Genie-Gedankens haben es rundweg abgelehnt, Rhetorik zu unterrichten. Aber was soll's: Manchmal ist es lohnenswert, sich ein paar Sachen abzugucken. Wenn Sie Ihren Stil verschönern oder anreichern wollen, können Sie Stilfiguren ausprobieren. Aber bitte gehen Sie sparsam damit um.

Denn sonst machen Sie sich nicht nur lächerlich, Sie klingen dann auch nicht mehr authentisch und das würde Ihrer Glaubwürdigkeit schaden. Glaubwürdigkeit aber brauchen Sie, wenn Sie überzeugen wollen.

Die wohl unterhaltsamste Einführung in die Kunst des Stils ist das Büchlein *Stilübungen* des französischen Schriftstellers Raymond Queneau. In diesem Klassiker erzählt Queneau ein und dieselbe kleine Geschichte in 100 Variationen. Ein großartiger Spaß, bei dem man nebenbei auch noch lernt, dass man alles auch noch ganz anders sagen kann.

Schauen wir kurz auf ein paar Stilfiguren, denn Sie sollten wissen, dass es sie gibt. Probieren Sie aus, welche Sie gebrauchen können. Und Sie sollten wissen, dass rhetorische Figuren keine Argumente sind: Es klingt nur schön oder klug oder schillernd.

Mittel für Eingängigkeit

1. Warme Worte, schöner Schein: Die Alliteration

Bei einer Alliteration haben aufeinander folgende Wörter den gleichen Anlaut, zumindest gleiche Anfangsbuchstaben. Zum Beispiel:

Mars macht mobil.
Willi will Kekse klauen.
Veni, vidi, vici. (Cäsar: »Ich kam, ich sah, ich siegte.«)

Alliterationen kann man sich gut merken – daher mag die Werbung sie ganz gern. Wenn Sie Ihre Kernthese in einen Slogan verpacken wollen, können Sie auch mit Alliterationen herumexperimentieren. Achten Sie aber darauf, dass Sie die richtige Reihenfolge dabei beachten: erst die Wahrheit, dann der Wohlklang.

2. Brot und Spiele: Die Synekdoche

Sie können für einen Begriff einen engeren oder weiteren verwenden. Auch das dient, ähnlich wie die Alliteration, der Eingängigkeit. Beispiel aus der Werbung: »Das Auto.« Hier wird ein weiterer Begriff für einen engeren (Autos einer bestimmten Marke) genommen.

»Brot und Spiele« ist zu einem Beispiel geworden. Denn mit Brot ist heutzutage nicht mehr (wie bei den Römern) Brot gemeint, sondern die Grundversorgung. Und mit »Spiele« nicht mehr die Spiele des Alten Rom, sondern jedwede Art von Unterhaltung.

»Ein Dach über dem Kopf haben« ist ebenfalls ein Beispiel für eine Synekdoche. Das Dach steht hier für die Wohnung oder das Haus, der Kopf für die Person.

Aufpassen muss man, da hier etwas nicht gesagt, sondern *gemeint* wird. Es ist uneigentliche Rede. Und bei der geht immer leicht etwas schief. Wenn Sie von »dem Deutschen« im Sinne von »alle Deutschen« reden, dann sollten Sie sich darüber im Klaren sein, dass Sie sich mit diesem Ausdruck eine sehr große Beweislast aufhalsen (siehe 1. Kapitel).

Tempo rauf und Tempo runter

3. Ich sage nur: Die Allusion
Klingt wie Illusion, ist aber nur so etwas Ähnliches: Eine Allusion ist eine Anspielung auf eine frühere Begebenheit. Zum Beispiel:

»Zum Thema Söhne und Väter sag ich nur: Brutus und Cäsar.«

Anspielungen erhöhen das Tempo, da Sie nicht alles sagen, was Sie meinen. Das hat, wie bei der Ellipse (siehe unten), den Vorteil, dass Ihr Zuhörer Ihnen aktiv zuhören *muss*, um Sie noch zu verstehen. Aktiv zuhören soll heißen: Er muss mitdenken. Dank der Allusion muss er sich selbst erklären, auf was Sie angespielt haben. So bleibt er konzentrierter bei der Sache ... solange er die Anspielungen versteht.

Zudem können Sie einen wahnsinnig gebildeten Eindruck vermitteln, wenn Sie auf diese oder jene Begebenheit anspielen; denn Sie setzen damit ja voraus, dass das, was Sie wissen, zur Allgemeinbildung gehört. Wer es dabei aber übertreibt, fällt auf die Nase: Wenn Ihr Gesprächspartner den angedeuteten Sachverhalt nicht kennt oder nicht versteht, worauf Sie anspielen, steht er vor sich selbst wie der Depp da. Dieses Gefühl kennen wir alle und niemand mag es. Wenn das gehäuft vorkommt, werden Sie nicht gebildet, sondern *ein*gebildet rüberkommen. Und eingebildeten Leuten wird wiederum vom Zuhörer nicht mehr, sondern eher weniger Aufmerksamkeit geschenkt. Das geht dann nach dem Motto: »Die schon wieder! Ich versteh eh nicht, was die Chefin sagt. Da muss ich mir gar keine Mühe geben.«

4. Fehlt was? Die Ellipse

Eine Ellipse ist ein Satz, bei dem ein Teil ausgelassen wird. Hier ein elliptischer Minidialog:

»Viel zu tun?«
»Viel zu tun!«

Statt: »Hast du viel zu tun?« wird nur »Viel zu tun?« gefragt. Die Antwort fällt ebenso verknappt aus, statt: »Ja, ich habe viel zu tun.« Die Ellipse kann schnoddrig wirken, aber auch ein Gespräch auflockern. Sie erhöht das Tempo, denn Sie sagen, wie bei der Allusion, nicht alles, was Sie meinen. Ihre Gesprächspartnerin muss den Rest Ihres Satzes selbst ergänzen. Das erzwingt wiederum Aufmerksamkeit.

Der Kabarettist Piet Klocke ist ein Meister der elliptischen Rede: Bei ihm ist kaum ein Satz vollständig. Die Ellipse macht das eigentümlich erhöhte Stakkato-Tempo seiner Nummern aus. Sie zwingt den Zuhörer, mitzudenken und die Sätze entsprechend aufzufüllen, während Herr Klocke schon zum nächsten Gedanken springt. Brillant. Der letzte Satz ist ebenfalls eine Ellipse. Vollständig hieße er in etwa: »Das macht Herr Klocke brillant.« Wobei Herr Klocke besonders gerne die Verben … Genau … Hören Sie ihn sich am besten selbst …

5. Nie waren die Grünen so farblos: Die Antithese

Manchmal kann man einander widersprechende Begriffe (kurz-lang, schnell-langsam, groß-klein usw.) unverbunden gegeneinanderstellen. Berühmtestes Beispiel für eine solche rhetorische Antithese:

»Der langen Rede kurzer Sinn.« (Schiller)

Antithesen reduzieren das Tempo, denn der Zuhörer stutzt. Auf den ersten Blick denkt man: Hä? Was denn nun? Kurz oder lang? Und dann erst verschwindet der vordergründige und nur in der Wortwahl bestehende Widerspruch. Wenn Sie also eine Antithese einbauen, genießen Sie das langsamere Tempo … oder anders gesagt: Lassen Sie Ihrem Zuhörer auch die Zeit, diese schöne Formulierung zu verstehen. Sie können mit solchen Formulierungen den Boden bereiten, um Ruhe und Aufmerksamkeit für einen komplexeren Gedankengang zu schaffen.

6. Das wissen Sie nicht? Die rhetorische Frage

Die rhetorische Frage gehört zu den rhetorischen Mitteln, die so bekannt sind, dass ich sie hier kaum erklären muss. Erwähnen will ich Sie aber.

Beispiel gefällig? Na gut:

»Wissen Sie, was eine rhetorische Frage ist?«

Die rhetorische Frage kann helfen, das Tempo in einer Debatte zu verringern. Denn mit ihr können Sie banale, aber von beiden Seiten geteilte Positionen benennen. Dieser Versuch kann aber auch gewaltig in die Hose gehen, dann nämlich, wenn Ihr Gesprächspartner sich abgefragt oder geprüft fühlt. Wenn Ihr Gesprächspartner eine rhetorische Frage als solche nicht erkennt, kommt er rasch zu der Annahme, dass Sie ihn für total dämlich halten … Manchmal ist es daher besser, die Antwort direkt mitzuliefern. Die rhetorische Frage hat aber auch Verschleierungsfähigkeiten. Sie kann dazu verleiten, dass man bestehende Handlungsmöglichkeiten aus dem Blick verliert, weil die rhetorische Frage eine Entweder-Oder-Alternative suggeriert, wo es vielleicht noch einen dritten oder vierten Weg geben könnte.

»Willst du, dass wir einen unentspannten, verkorksten Urlaub haben werden? Nein, das willst du nicht. Also muss deine Mutter zu Hause bleiben.«

Die rhetorische Frage suggeriert in diesem Beispiel eine ausschließliche Alternative: Entweder die Schwiegermutter bleibt zu Hause oder der Urlaub wird blöd. Aber vielleicht kann man an der Ausschließlichkeit doch noch Zweifel anmelden. Die wird durch die Frage nämlich nur *suggeriert*, aber nicht *begründet*. Das ist ein Nachteil rhetorischer Fragen.

Betonen, Steigern und Aufwecken

7. Keine Krankheit, keine Kurve: Die Anapher

»Anapher« klingt wie eine fiese Darmkrankheit oder eine komplizierte geometrische Figur. Sie ist aber weder das eine noch das andere. Als »Anapher« bezeichnet die Sprachwissenschaft die Wiederholung desselben Wortes zu Beginn aufeinanderfolgender Sätze. Die Anapher wird von Deutschlehrern manchmal als Wiederholungsfehler angestrichen. Ist aber keiner.

Hier ein Beispiel:

»Blau lag der See vor uns. Blau wölbte sich der Himmel darüber. Blau waren auch wir.«

In Bundestagsreden können Sie die Anapher besonders dann hören, wenn es hoch hergeht. Das wiederholte Wort (oder die wiederholte Wortgruppe) wird durch die Wiederholung verstärkt. Es ist so eine Art Fett-Druck ohne Fett-Druck. Politiker machen sich gerne gegenseitig Vorwürfe, die etwa so klingen:

»Sie wollten doch die Steuern senken! Sie haben den Menschen doch mehr Geld in der Tasche versprochen! Und Sie sind es, die jetzt …«

Wenn Sie die Wiederholung an das Ende des Satzes packen, nennt die Sprachwissenschaft das Epipher. Die Wirkung ist dieselbe.

»Vorgestern gab es Fisch. Gestern gab es Fisch. Heute gibt es Fisch. Ich hasse Fisch! Ich verhungere noch.«

Wenn Sie Anapher und Epipher kombinieren, nennt man das Symploke, aber wir wollen es lieber nicht übertreiben … denn somit wird es doch sehr poetisch.

8. Jetzt wird's spannend: Die Klimax

Klimax ist eine Steigerung. Damit machen Sie es spannend und Sie können aus einer Mücke einen Elefanten machen. Also Vorsicht! Sie müssen sich Ihrer Sache schon verflixt sicher sein, wenn Sie so reden. Andererseits: Wenn Sie wirklich Schwierigkeiten haben, sich Gehör zu verschaffen, ist das eine ganz gute Möglichkeit, Ihrem Anliegen, Ihren Sätzen Nachdruck zu verleihen.

»Ich bitte dich, ich flehe dich an, ich beschwöre dich: Lass deine Mutter zu Hause!«

Nebenwirkung: Wenn Sie es übertreiben, werden sich Ihre Zuhörer ein Lachen kaum verkneifen können. Übertriebene Steigerungen wirken rasch pathetisch.

9. Hyper-krasse Übertreibung: Die Hyperbel

Hyperbeln gibt es nicht nur in der Geometrie, sondern auch in der Rhetorik. Sprachwissenschaftler meinen mit dem Ausdruck eine Übertreibung. Sie können mit Hyperbeln die Aufmerksamkeit erhöhen, sie wie einen Hallo-Wach-Effekt einsetzen. Wenn Sie das Gefühl haben, dass Ihre Gesprächspartner einnicken, holen Sie sie mit so einer Formulierung vielleicht noch einmal zurück. Sie müssen aber sicherstellen, dass Ihre Zuhörer eine Chance haben, Ihre Übertreibung als solche zu erkennen.

Schönes Beispiel von Heinrich Heine aus der *Harzreise*: »ein Schneidergeselle, so dünn, dass die Sterne durchschimmern konnten.«

Manche Hyperbeln sind in den allgemeinen Sprachgebrauch eingegangen:

»Wir sind haushoch überlegen.«
»Das ist ein himmelschreiendes Unrecht.«

Ob Sie damit allerdings noch einen einschlafenden Kollegen wecken können, wage ich zu bezweifeln …

10. »Schon Goethe sagte: Zitieren geht über studieren!«: Das Zitat

Ich sortiere hier das Zitat mit unter die rhetorischen Mittel, weil es, als Motto oder Slogan verwendet, ein beliebtes rhetorisches Mittel ist. Dabei kommt es aber auf den Gebrauch des Zitates an. Ein Zitat kann ja auch ein Beleg für eine These sein. Ich meine hier aber Zitate, die lediglich zur Illustration gebraucht werden. Ziel ist dabei ein Verweis auf Autoritäten und zugleich das Zurschaustellen der eigenen Bildung. Wenn Sie Zitate als rhetorische Mittel verwenden, dann sollten Sie aber in zwei Punkten sicher sein:

a. Sie müssen richtig zitieren.

Peinlicher Auftritt eines Kabarettisten: »Panta rhei. Alles fließt. Sagte schon Platon.« Zuruf aus dem Publikum: »Heraklit! Das ist von Heraklit!« Der Kabarettist stutzt. Dann schlagfertig: »Der darf das. Das ist mein Lehrer.«

b. Sie müssen das Zitat verstanden haben.

Wittgensteins Satz »Wovon man nicht sprechen kann, darüber muss man schweigen« ist nur im Kontext des *Tractatus logico-philosophicus* zu verstehen, zitiert wird er aber bei jeder Gelegenheit … Wehe dem, der einen Wittgenstein-Kenner unter seinen Zuhörern hat!

2.3 Ein paar Warnhinweise zum Schluss

Zu guter Letzt noch ein paar Warnungen. Ich nehme hier die Fallen, in die ich selbst immer wieder tappe:

1. Wenn Sie sich rhetorisch überlegen fühlen, nutzen Sie das nicht aus!

Wer gut reden kann, hat noch lange nicht recht. Für rhetorisch begabte Politiker ist die Versuchung groß, in jedes Mikrofon etwas politisch Opportunes zu trällern. Aber jede Unwahrheit oder Unaufrichtigkeit, bei der wir jemanden (ob das nun ein Politiker, Lehrer oder Schweinehirt ist) erwischen, schwächt die Glaubwürdigkeit. Falls Sie sich also jemandem rhetorisch überlegen fühlen, denken Sie daran: Sie können vielleicht besser reden, aber das garantiert nicht, dass Sie recht haben.

2. Vorsicht mit Humor und Ironie

In einer verfahrenen Situation kann es hilfreich sein, eine witzige Bemerkung zu machen, um den kommunikativen Karren aus dem Dreck zu ziehen. Denn Lachen entspannt und in entspannter Atmosphäre können wir alle besser denken.

Aber Vorsicht: Humor und vor allem Ironie setzen ein gewisses Maß an Einigkeit voraus. Denn damit der Empfänger die ironische Bemerkung verstehen kann, muss er ja schon wissen, was Sie zu verstehen geben wollen. Schließlich sagen Sie das Gegenteil von dem, was Sie meinen. Dass dem so ist, muss der Empfänger aus dem Kontext erschließen. Je besser Sie sich kennen, desto leichter gelingt das.

Bei er einer echten Diskussion aber versuchen Sie ja gerade erst die Meinungen zu *verstehen*. Da ist Ironie oftmals wenig hilfreich. In solchen Situationen kann Ironie leicht zu Missverständnissen führen und die Situation noch verfahrener machen, als sie ohnehin schon ist. Das gilt insbesondere dann, wenn Sie und Ihre Gesprächspartner der Sprache, in der Sie debattieren, nicht restlos mächtig sind: Verzichten Sie dann lieber auf Ironie und Witze – ein Tipp, den zu beherzigen mir selbst äußerst schwerfällt.

Übung

Diskutieren Sie mit einem Partner über die wichtige Frage, wer die Wäsche bügeln soll: Mann oder Frau. Dabei dürfen Sie und Ihr Partner nur mit je einer rhetorischen Stilfigur reden. Sie bestimmen, welche Figur Ihr Partner nehmen muss. Ihr Partner darf bestimmen, welche Redefigur Sie nehmen müssen. Anschließend tauschen Sie die Redefiguren.

3. Wie man eine Argumentation attackiert

Diskussionen zeichnen sich dadurch aus, dass man *nicht* einer Meinung ist. Was also tun, wenn Sie sich mit einer These konfrontiert sehen, die Sie für falsch halten? Was können Sie tun, wenn ein geschickter Redner Ihnen erklärt, dass es vernünftig ist, nichts gegen die Taubenplage auf dem Dach zu tun? Was tun, wenn Sie in einer politischen Diskussion auf einen rhetorisch geschickten Gegner treffen? Wie können Sie sich gegen die Argumente Ihres Chefs zur Wehr setzen?

Sie können das auf zwei Arten. Entweder fair oder unfair. Ich bevorzuge fair. Und zwar nicht nur aus moralischen Gründen und weil ich so ein wahnsinnig netter Mensch bin. Es ist auch die längerfristig bessere Lösung, wenn Sie sich fair verhalten. Denn erstens wird niemand gerne über den Tisch gezogen; der Übervorteilte wird seinen Ärger entweder in sich hineinfressen (das macht aus ihm eine kommunikative Zeitbombe, die irgendwann explodiert, und Sie werden kaum eine Chance haben, den Grund und gegebenenfalls noch nicht mal den Auslöser dafür zu erkennen) oder er wird es Ihnen anderweitig »heimzahlen«. Und zweitens finden Sie mit unfairen Mitteln nicht unbedingt die beste Lösung des Konflikts. Denn natürlich gilt auch beim Attackieren oder, um es wertneutraler und weniger martialisch zu sagen: bei der Überprüfung der Belastbarkeit einer Argumentation, dass Sie sich in vielen, auch noch so absurd erscheinenden Fällen nicht hundertprozentig sicher sein können, dass Ihr Gegenüber unrecht hat. Genau das herauszufinden, ist ja der Zweck einer Diskussion.

Dennoch ist es sinnvoll, sich die unfairen Möglichkeiten klarzumachen. Und das nicht, damit Sie sie fleißig nutzen. Sondern damit Sie die unfairen Tricks kennen, und sei es nur, um sich gegen sie wehren können.

Ich betrachte im Folgenden zunächst die faire Überprüfung einer Argumentation und komme dann zu den unfairen Möglichkeiten.

3.1 *Fair*

Was die faire Prüfung einer Argumentation angeht, können wir uns mal wieder ein Scheibchen von den alten Griechen abschneiden. Sokrates, sein Schüler Platon und dessen Schüler Aristoteles waren Meister in der Prüfung von Argumentationen. Platon lässt in seinem Dialog *Theaitetos* seinen geliebten und verehrten Lehrer Sokrates auftreten. Sokrates erklärt hier, dass er wie eine geistige Hebamme wirke: Er bringt nicht selbst Gedanken hervor, er hilft aber anderen, ihre Gedanken zu gebären. Und nicht nur das. Die Hebamme kümmert sich ja auch in der Erstversorgung um das Neugeborene und guckt, ob es ein gesundes Baby ist. Sokrates beansprucht die Erstversorgung auch für seine geistige Hebammen-Kunst; ja, er betreibt sogar so eine Art geistige Pränatal-Diagnostik:

»Das Größte aber an unserer Kunst ist dieses, dass sie imstande ist zu prüfen, ob die Seele des Jünglings ein Trugbild und Falschheit zu gebären im Begriff ist oder Fruchtbares und Echtes.«[29]

Systematisch betrachtet sind es von den Griechen über das Mittelalter bis in die Gerichtsverhandlungen unserer Tage immer dieselben fünf Schritte, die zu einem fairen Widerspruch gegen eine Argumentation gehören. Ich nenne sie kurz und erläutere sie dann ausführlich:

1. Verständnis sicherstellen durch Paraphrase
2. Argumentation prüfen
3. Prämissen-Check: Gibt es verdeckte Voraussetzungen?
4. Widersprechen
5. Antwort abwarten und ggf. Schritte 1–5 für neue Argumente wiederholen

Betrachten wir die fünf Schritte nun im Einzelnen.

---

29 Platon: *Theaitetos*, 150c.

1. Verständnis sicherstellen durch Paraphrase

Um herauszufinden, ob Sie Ihr Gegenüber verstanden haben, gibt es kein besseres Werkzeug als nachzufragen. Hierbei ist aber der Unterschied zwischen dem, was jemand *sagt*, und dem, was jemand damit *meint*, im Auge zu behalten. Sie müssen als erstes herausfinden, was Ihr Gesprächspartner mit seiner These und den Argumenten *meint*. Wie wir oben (Kapitel 2, »Klimmzüge der Interpretation«) von Paul Grice gelernt haben, muss das nicht unbedingt identisch sein mit dem, was er oder sie *sagt*.

Warum ist es so verflixt wichtig, dass Sie zunächst sicherstellen, ob Sie Ihren Gesprächspartner richtig verstanden haben? Wenn Sie das nicht tun und direkt gegen seine Argumente mit den Schritten zwei, drei und vier vorgehen, kann dies leicht zu einer Scheindebatte führen. Denn wenn Sie Ihren Diskussionspartner *nicht* richtig verstanden haben, reden Sie ja aneinander vorbei.

Ein Professor hat einmal vehement gegen einen Satz in einem Referat von mir gewettert, weil nach seinem Verständnis eine Einschränkung fehlte. Er hatte recht: Die Einschränkung war notwendig. Aber sein Vorwurf traf mich dennoch nicht: Die Einschränkung steckte im Nebensatz. Er beharrte auf seiner Kritik. Ich war hilflos; mir schien, dass wir einer Meinung waren. Ich wusste nur nicht, wie ich die Einschränkung auch noch in den Hauptsatz packen sollte – und warum ihm das so wichtig war. Ein Kommilitone kam mir zu Hilfe und sagte: »Aber das, was Sie sagen, steht doch da!«

Darauf der Professor mit entwaffnender Ehrlichkeit: »Vielleicht sollte ich Ihren Satz tatsächlich mal zu Ende lesen.«

Er las. Er sah. Ich siegte.

Wenn Sie zunächst das Verständnis sicherstellen, vermeiden Sie solche (überflüssigen und zeitraubenden) Scheindebatten. Indikatoren dafür, dass Sie gerade dabei sind, in eine Scheindebatte zu geraten, sind etwa folgende Erwiderungen gegen Kritik:

»Aber so habe ich das nicht gemeint …«
»Das wollte ich damit nicht sagen …«
»Was Sie mir da unterstellen, habe ich so nicht gesagt …«

Sie sollten innerlich zusammenzucken und innehalten, wenn Ihr Gesprächspartner so reagiert. Hören Sie dann noch einmal genau hin und stellen Sie sicher, dass Sie ihren Gesprächspartner richtig verstehen.

Wie aber kann man das? Eine gute Methode ist, dass Sie die Meinung Ihres Gesprächspartners, so wie Sie sie verstanden haben, mit Ihren eigenen Worten wiedergeben. Das heißt: Sie paraphrasieren die Position Ihres Diskussionspartners.

»Wenn ich Sie richtig verstehe, …«
»Nur damit ich das kapiert habe: Du meinst, dass …«
»Gehe ich recht in der Annahme, dass du meinst, dass …«

Mit solchen Formeln können Sie anzeigen, dass Sie ihm oder ihr momentan nicht zustimmen oder widersprechen, sondern nur versuchen, seine oder ihre Meinung korrekt wiederzugeben. Machen Sie das so lange, bis Ihr Gesprächspartner Ihrer Paraphrasierung zustimmt. Dann können Sie einigermaßen sicher sein, dass Sie über dieselben Thesen streiten und keine Scheindebatte führen.

Platon geht in seinen Dialogen oft noch einen Schritt weiter: Er paraphrasiert die Position erst, dann macht er sie noch ein Stück konsequenter oder schärfer, d. h. er versucht seinem Gegner die bestmögliche Version zu unterstellen. Wenn der Gesprächspartner dann zustimmt (und das tun die Gesprächspartner in Platons Dialogen meist), geht es an die eigentliche Prüfung dieser neuen Meinung. Der Vorteil dieser Strategie: Wenn er die bestmögliche Version einer Meinung widerlegen kann, hat er auch alle schwächeren Versionen dieser Meinung widerlegt. Andersherum gilt das aber nicht.

Die Paraphrasierung hat noch andere positive Nebeneffekte:

1. Sie nehmen Tempo aus der Debatte. Gerade bei hitzigen, emotional aufgeladenen Diskussionen ist das ungeheuer hilfreich.
2. Sie anerkennen zumindest vordergründig, dass Ihr Gegenüber eine legitime Meinung vertritt. Ob sie auch richtig ist, ist damit zwar noch nicht gesagt, aber Ihr Gesprächspartner wird sich ernstgenommen und verstanden fühlen. Das bringt Ruhe in die Auseinandersetzung und dient der Sachlichkeit.

3. Durch das geringere Tempo gewinnen Sie selbst Zeit, um nachzudenken.

Gehen wir davon aus, dass Sie es geschafft haben, die Meinung Ihres Gegenübers in eigenen Worten so zu paraphrasieren, dass Ihr Gesprächspartner zustimmt. Wenn Sie mit dieser Prozedur fertig sind, kann zweierlei passiert sein:

Entweder Sie haben nun keine Einwände mehr. Dann hatten Sie Ihren Gesprächspartner falsch verstanden. Jetzt verstehen Sie ihn richtig, sind sich einig und es kommt keine Diskussion mehr auf. Wunderbar. Trinken Sie einen drauf und fertig.

Oder Sie haben noch Einwände oder zumindest ein Unwohlsein bei der vertretenen Position. Dann machen Sie weiter mit Schritt 2.

2. Prüfung der Argumentation

Die Prüfung der Argumentation hat zwei Teile: die logische und die inhaltliche Prüfung.

Zur Logik:
Prüfen Sie die Argumentation in ihrer letzten Version genau darauf, ob die Argumente genügend Beweiskraft haben, die These ausreichend zu untermauern. Falls das nicht der Fall sein sollte, können Sie direkt zum 4. Schritt springen. Worauf Sie bei der Logik-Prüfung achten müssen, steht im ersten Kapitel. Hier nur ein Beispiel für einen logischen Fehler in einer Argumentation, sozusagen zur Erinnerung:

»Natürlich regnet es! Schließlich ist die Straße nass.«

Hier liegt ein logischer Fehler vor. Denn daraus, dass die Straße nass ist, folgt nicht zwingend, dass es regnet. Die Wetter-Regel lautet ja genau umgekehrt: »Wenn es regnet, wird die Straße nass.« Die Straße kann aber auch durch einen vorbeifahrenden Tankwagen, einen Rohrbruch oder einen Gartenschlauch nass geworden sein. Und die Straße kann noch vom letzten Regenguss nass sein, obwohl es inzwischen aufgehört hat zu regnen.

Zur inhaltlichen Prüfung:

Natürlich müssen Sie auch darauf achten, dass sich Ihr Gesprächs-partner nicht in Bezug auf die Fakten irrt. Dafür ist es unumgänglich, dass Sie wohlinformiert in die Diskussion gehen. Wenn Sie an Punkte geraten, an denen Sie beide nicht wissen, wie es sich tatsächlich ver-hält (Haben Okapis Streifen am Bauch? Gibt es männliche und weib-liche Birken?), können Sie die Diskussion nur abbrechen. Sie müssen sich dann einfach besser informieren. – Das ist dank moderner In-formationstechnik und der ständigen Verfügbarkeit des Internets in vielen Situationen ja auch sehr rasch und leicht möglich.

Wenn Sie Ihrem Gesprächspartner faktische Fehler in seinen Ar-gumenten nachweisen können, können Sie direkt zu Schritt vier übergehen. Falls Sie aber inhaltlich und logisch keine Fehler entde-cken und dennoch das Gefühl haben, dass da irgendwas falsch ist, denken Sie an den dritten Schritt!

3. Prämissen-Check

Wir haben im ersten Kapitel gelernt, dass jede Argumentation aus Voraussetzungen (Prämissen), logischen Schlussregeln und einer Kon-klusion besteht. Ferner haben wir gesehen, dass wir niemals *alle* Vo-raussetzungen explizit nennen. Wenn also die Argumentation geprüft und aus wahren Prämissen eine wahre Konklusion korrekt geschlos-sen wurde und Sie dennoch der Meinung sind, dass da etwas faul ist, dann muss es irgendwo noch mindestens eine versteckte Prämisse geben, die Sie nicht akzeptieren, aber übersehen haben.

Das Aufspüren von verdeckten Prämissen kann schwierig sein. Für ethische Fragen und lebenspraktische Argumentationen führt Rainer Erlinger Woche für Woche im Magazin der *Süddeutschen Zeitung* Beispiele vor. Erlinger macht das sehr geduldig und klar. Wenn Sie sich etwas von ihm abgucken wollen: Seine Antworten auf die »Ge-wissensfragen« der SZ-Leser gibt es auch gesammelt als Buch.[30]

Wie man verdeckte Prämissen aufspürt, dürfte aus dem ersten Kapitel klar sein: Sie suchen nach den Voraussetzungen, unter denen die Argumente wahr sind. (Denken Sie an die Beispiele mit dem fau-

---

30 Erlinger: *Gewissensfragen*.

len Sohn und dem zynischen Art Director aus Kapitel 1.1 »Versteckte Voraussetzungen«.) Wenn Sie Voraussetzungen finden, die Sie nicht akzeptieren, benennen Sie sie. Stellen Sie dabei wieder sicher, dass Ihre Gesprächspartnerin tatsächlich dieser versteckten Voraussetzung zustimmt oder zumindest einräumt, dass sie sie braucht, damit ihre Argumentation hinhaut.

Dann dürfen Sie endlich, endlich zum eigentlichen Widerspruch übergehen.

4. Widersprechen. Aber richtig!

Sie können zum Beispiel mit den folgenden Äußerungen Widerspruch anmelden:

»Nö!«

»Nein!«

»Das Gegenteil von dem, was du sagst, ist richtig!«

»Ich teile Ihre Meinung in einem Punkt nicht.«

»I am not convinced.«

»Da muss ich Ihnen widersprechen.«

»Stimmt doch gar nicht.«

»Das, was du behauptest, ist aber nicht der Fall.«

Logisch betrachtet handelt es sich beim Widerspruch immer um eine Negation. Negationen kann man ziemlich leicht erzeugen. Sie nehmen irgendeine These und setzen einen Negationsoperator (zum Beispiel: »nicht«, »un-«, »kein«, »Es ist nicht der Fall, dass …«) davor, schon haben Sie eine Negation. Aber mit einem Widerspruch wird ja auch etwas behauptet. Und da wird es etwas verzwickter. Denn ebenso wie für jede positive Behauptung gilt, dass Sie sich eine Beweislast aufhalsen, wenn Sie etwas negieren. Hier heißt es aufpassen: Behaupten Sie nicht zu viel!

Joschka Fischer hat sich diesbezüglich mal wieder als geschickter Redner erwiesen, als er dem damaligen US-Verteidigungsminister Donald Rumsfeld auf der Münchner Sicherheitskonferenz am 08.02.2003 nicht zustimmen wollte. Er hat nicht behauptet, dass Saddam Hussein ein friedliebender Diktator sei. Im Gegenteil hat er explizit gesagt, dass

Saddam Hussein ein fürchterlicher Diktator sei. Joschka Fischer war nur nicht davon überzeugt, dass die Dokumente, die ihm vorgelegt wurden, bewiesen, dass der Irak Massenvernichtungswaffen hatte. Warum er sich in seinem Widerspruch so sicher sein konnte? Die Beweise, die Colin Powell vorgelegt hatte, stammten vom Bundesnachrichtendienst und waren Fischer längst bekannt. Und diese Hinweise wurden vom BND so bewertet, dass sie eben nicht die Behauptung bewiesen.

Fischer hat nicht gesagt, dass er von der Friedfertigkeit des Irak überzeugt sei. Er hat nur gesagt, dass er nicht davon überzeugt sei, dass der Irak über Massenvernichtungswaffen verfüge. Und dieser Unterschied ist entscheidend. Es ist der Unterschied zwischen kontradiktorischen und konträren Aussagen.

Logisch betrachtet lassen sich drei Arten von Sätzen unterscheiden, mit denen man versuchen kann, jemandem zu widersprechen. Einen echten Widerspruch bringen aber nur zwei davon zustande:

a. kontradiktorische Satzpaare
b. konträre Satzpaare
c. subkonträre Satzpaare.

Kehren wir, ehe wir uns Rumsfeld und Fischer noch einmal zuwenden, zurück an den Ort, an dem so viele nicht ganz saubere Argumentationen stattfinden, an die Wiege aller Konflikte: Gehen wir in den Sandkasten. Hansi und Ute streiten sich um die Förmchen. Nehmen wir ferner an, dass Hansi, Kind eines Ethik-Lehrers und einer Pfarrerin, bereits gelernt hat, genau zu unterscheiden, ob er sagt »Alles meins!« oder »Manches meins!«.

Hansi: »Manche Förmchen gehören mir!«
Ute: »Manche aber nicht.«

Können Hansi und Ute beide zugleich recht haben? Ja, sie können beide recht haben. Es kann sein, dass manche Förmchen Hansi gehören und manche nicht. Ute widerspricht Hansi hier nicht. Diese Art von Satzpaar nennen Logiker »subkonträr«. Subkonträre Aussagen können zugleich wahr sein, aber nicht zugleich falsch sein. Wenn gilt: Es ist nicht wahr, dass Hansi manche Förmchen gehören, dann ist wahr, dass Hansi kein Förmchen gehört. Wenn aber nicht wahr ist, dass Hansi manche Förmchen nicht gehören, dann ist wahr, dass Hansi mindestens ein Förmchen gehört. Und beides kann nicht zugleich der Fall sein, denn es kann nicht sein, dass Hansi kein Förmchen gehört und mindestens ein Förmchen gehört. Subkonträre Satzpaare wirken trotzig. Echten Widerspruch erzeugen Sie so aber nicht.

Betrachten wir die beiden anderen Arten von Satzpaaren. Formulieren Sie zum Beispiel einen Widerspruch gegen folgende Aussage:

»Alle Schwäne sind schwarz.«

Formulieren Sie spontan den Widerspruch. Wie lautet er?

»Alle Schwäne sind weiß.«

Korrekt? Reingefallen! Beim Widersprechen heißt es: Aufpassen! Mit Ihrem Widerspruch würden Sie zu viel behaupten. Aber der Reihe nach.

Zunächst die gute Nachricht. Sie haben insofern recht, als das Satzpaar »Alle Schwäne sind schwarz – Alle Schwäne sind weiß« einen Widerspruch bildet. Denn die beiden Sätze können nicht *zugleich wahr* sein und solche Sätze nennt man widersprüchlich. Aber die Sätze »Alle Schwäne sind schwarz« und »Alle Schwäne sind weiß« können *zugleich falsch* sein! Und das ist hier tatsächlich der Fall. Denn es gibt sowohl weiße Schwäne als auch schwarze Schwäne: Der in Deutschland beliebte Höckerschwan (Cygnus olor) hat weißes Gefieder. Aber Cygnus atratus, der Trauerschwan, hat schwarzes Gefieder.

Der korrekte Widerspruch gegen die falsche Behauptung, dass alle Schwäne schwarz seien, lautet: »Nicht alle Schwäne sind schwarz.« Und das sagt gerade *nicht* dasselbe wie: »Alle Schwäne sind weiß.«

Wir haben also zwei widersprüchliche Satzpaare:

»Alle Schwäne sind schwarz – Alle Schwäne sind weiß.«
»Alle Schwäne sind schwarz – Nicht alle Schwäne sind schwarz.«

Das erste Satzpaar nennen Logiker »konträr«. Es ist dadurch gekennzeichnet, dass beide Sätze zwar nicht zugleich wahr sein können, aber zugleich falsch.

Das zweite Satzpaar nennen Logiker »kontradiktorisch«. Es ist dadurch gekennzeichnet, dass der eine Satz genau dann wahr ist, wenn der andere Satz falsch ist, und umgekehrt. Mit einem kontradiktorischen Einspruch behaupten Sie längst nicht so viel wie mit einer konträren Aussage. Um immer sicherzugehen, dass Sie kontradiktorische Negationen erzeugen, können Sie »Es ist nicht der Fall, dass ...« als Negationsformel benutzen. Wenn Sie diese Formel vor die Aussage packen, der sie widersprechen wollen, kommt in aller Regel eine Kontradiktion heraus.

Das heißt aber nicht, dass man nicht auch korrekt mit einer konträren Aussage widersprechen könnte. Sie müssen mit konträren Aussagen nicht immer so baden gehen wie bei der Schwan-Falle, die ich oben gestellt habe. Also widersprechen Sie ruhig mit einer konträren Aussage, wenn Sie sich Ihrer Sache so sicher sind. Nur sollte Ihnen klar sein, dass Sie dann viel mehr behaupten als im Fall der Kontradiktion. Das kann aber durchaus richtig sein:

»Alle Schimmel sind schwarze Pferde. – Alle Schimmel sind weiße Pferde.«

Hier ist die konträre Aussage ein korrekter Widerspruch.

Im Alltagssprachgebrauch klingt es natürlich grauenhaft, wenn Sie nun wirklich jeden Widerspruch mit einem »Es ist nicht der Fall, dass ...« anmelden würden, und ich bin mir nicht sicher, ob ich dann noch lange mit Ihnen diskutieren wollte. Aber zu Übungszwecken ist es sinnvoll, sich den Unterschied klarzumachen. Im Alltag geschieht das Reden, Behaupten und Widersprechen ja ohnehin so rasend schnell, wie es die mündliche Redesituation nun mal erfordert. Und da ist es mitunter schwer, eine Negation überhaupt als solche zu erkennen. Denn wir können natürlich auch ohne Negationspartikeln wie »Nicht«, »Un-«, »Kein« oder auch das exakte, aber umständliche »Es ist nicht der Fall, dass ...« formulieren. Zum Beispiel so:

Sie: »Komm, lass uns rausgehen. Die Sonne wird dir gut tun.«
Er: »Ich will lieber fernsehen. Ich brauche Entspannung.«

Er widerspricht ihr, obwohl er keine Negationspartikeln gebraucht.

Zum Schluss dieses Abschnitts will ich noch eine Besonderheit in den Blick nehmen, sozusagen die Kür des Widerspruchs: die *Reductio ad absurdum*, die Rückführung auf das Sinnlose. Besonders in Philosophie und Mathematik sind *Reductio*-Argumente beliebt. Aber auch im Alltag tauchen sie auf. Solche Argumente funktionieren nach diesem Schema: »Wenn das, was du sagst, wahr wäre, dann würde daraus etwas folgen, was wir beide für falsch halten. Da das nicht sein kann, muss das, was du sagst, falsch sein.«

Wenn Sie zum Beispiel beweisen wollen, dass die Erde keine Scheibe ist, dann können Sie folgendermaßen argumentieren:

1	Wenn die Erde eine Scheibe ist, fallen die Schiffe am Horizont runter.	*1. Prämisse (Hilfsthese)*
2	Die Erde ist eine Scheibe.	*2. Prämisse*
3	Die Schiffe fallen am Horizont runter.	*(folgt aus 1 und 2)*
4	Es ist nicht der Fall, dass die Schiffe am Horizont runterfallen.	*Beobachtung*
5	Da Satz 3 und 4 einen kontradiktorischen Widerspruch bilden, muss entweder Satz 3 oder Satz 4 falsch sein. Satz 3 folgt aus den Sätzen 1 und 2. Satz 1 ist anerkanntermaßen wahr. Also muss Satz 2 falsch sein, wenn Satz 4 wahr ist. (Und wir haben keinen Grund, an der Wahrheit von Satz 4 zu zweifeln.) Also gilt: Es ist nicht der Fall, dass die Erde eine Scheibe ist.	*Schluss*

Wir können solche Argumentationen auch schematisch darstellen, indem wir statt der Aussagen *Satzvariablen* einsetzen. Eine Satzvariable ist ebenso wie eine Variable in der Mathematik ein Platzhalter (denken Sie nur an x und y bei den Funktionsgleichungen oder a und b in den binomischen Formeln). Nur dass in der Mathematik x, y, a und b eben Platzhalter für *Zahlen* sind, und in der Logik sind die

Variablen p und q Platzhalter für *Aussagen*. Sprich: So wie Sie in die binomischen Formeln für a und b Zahlen einsetzen können, können Sie für p und q Aussagen einsetzen. Dank der Satzvariablen kann man logische Schlüsse in so einer Art Formel darstellen. Für die *Reductio*-Argumente ergibt sich zum Beispiel das folgende Schluss-Schema:

»Wenn die Aussage p wahr ist, dann muss die Aussage q wahr sein.
Nun ist q falsch.
Also muss p falsch sein.«

Nimmt man dieses Argumentationsschema und kombiniert es mit dem, was wir über die kontradiktorischen Satzpaare gesagt haben, dann kann man *indirekt* argumentieren. Um die Wahrheit einer These zu erhärten, argumentieren wir jetzt nicht direkt *für* diese These; wir argumentieren über einen Umweg: Wir beweisen, dass das kontradiktorische Gegenteil falsch wäre; da bei Kontradiktionen gilt, dass der eine Satz genau dann wahr ist, wenn der andere falsch ist, können wir somit *indirekt* zeigen, dass die These wahr (oder richtig oder zweckmäßig) sein muss.

Nehmen wir an, dass Sie Ihren Chef davon überzeugen wollen, dass er einen neuen Mitarbeiter einstellen soll, da die Firma 30% über dem normalen Auftragsvolumen liegt, pünktlich liefern sollte (ansonsten werden Kunden abspringen und es drohen Vertragsstrafen) und auch noch neue Produkte entwickelt werden müssen.

Zu beweisende These: »Wir brauchen einen neuen Mitarbeiter.«

Um dies mit einem *Reductio*-Argument zu beweisen, müssen wir das kontradiktorische Gegenteil formulieren und zeigen, dass es zu absurden oder falschen Ergebnissen führt.

1	Wir stellen keinen neuen Mitarbeiter ein.	*Hilfsthese 1, die widerlegt werden soll*

2	Wenn wir 30% über der normalen Auftragslage liegen oder neue Produkte entwickeln wollen, schaffen die bisherigen Mitarbeiter die Arbeit nicht mehr.	*Prämisse 1, die als wahr anerkannt ist*
3	Wenn wir unsere Arbeit nicht schaffen, können wir nicht pünktlich liefern.	*Prämisse 2*
4	Wenn wir nicht pünktlich liefern, verlieren wir Kunden und müssen Vertragsstrafen zahlen.	*Prämisse 3*
5	Vertragsstrafen und Kundenverlust verschlechtern das Jahresergebnis um ein Vielfaches von dem, was ein neuer Mitarbeiter an Lohn kosten würde.	*Erfahrung*
6	Wir liegen über 30% über der normalen Auftragslage und wollen neue Produkte entwickeln.	*Beobachtung*
7	Wir schaffen die Arbeit nicht.	*Folgt aus Prämisse 1 (Satz 2) und Beobachtung (Satz 6)*
8	Wir werden Kunden verlieren und Vertragsstrafen bezahlen müssen.	*Folgt aus Prämisse 2 (Satz 3), Prämisse 3 (Satz 4) und Satz 7*
9	Wenn wir keinen neuen Mitarbeiter einstellen, wird sich das Jahresergebnis um ein Vielfaches von dem verschlechtern, was der neue Mitarbeiter an Lohn gekostet hätte.	*Folgt aus 1, 5, 7 und 8*

Da der Chef kein Interesse an diesem Ergebnis haben kann, wird er das kontradiktorische Gegenteil als die bessere Alternative erkennen. Im Umkehrschluss aus 9 folgt dann:

10	Wenn wir einen neuen Mitarbeiter einstellen, wird sich das Jahresergebnis verbessern.	*Umkehrschluss aus 9*

So formal fallen die *Reductio-ad-absurdum*-Argumente im Alltagssprachgebrauch natürlich nicht aus. Ganz im Gegenteil wird hier wieder verknappt, was das Zeug hält. Dennoch ist das Schlussschema der *Reductio ad absurdum* auch im normalen Alltagsgespräch anzutreffen. Etwa in Reaktionen, die nur die Absurdität zeigen wollen und somit den Widerspruch gegen eine These anmelden. Denken Sie an Äußerungen der folgenden Art:

»Wenn du ein Fußballstar bist, bin ich der Papst.« (Geäußert von jemandem, der nicht Jorge Maria Bergoglio ist.)

Solche Äußerungen sind sehr stark verkürzt. Und in diesem Beispiel lässt sich der argumentative Zusammenhang wohl kaum herstellen. Daher heißt es aufpassen: Mit solchen Sprüchen meldet man zwar Widerspruch an, *bewiesen* (egal ob direkt oder indirekt) ist damit aber nichts.

5. Abwarten und Zuhören

Wenn Sie die Schritte 1–4 erledigt haben, ist Ihr Diskussionspartner dran. Denn er oder sie muss sich nun irgendwie zu dem verhalten, was Sie vorgebracht haben. Theoretisch betrachtet, gibt es drei Möglichkeiten: Der Diskussionspartner kann Ihren Widerspruch akzeptieren, kritisieren oder neue Argumente ins Feld führen.

Nehmen wir an, Sie diskutieren mit Ihrem Sohn über die Frage, wer mit dem Spülen dran ist. Ihr Sohn sagt:

Sohn (knurrig): »Immer ich!«

Damit meldet er Kritik an und pocht auf den Gleichheitsgrundsatz. Er verweist darauf, dass Sie auch mal dran sind und dass er zu oft dran war. Dagegen können Sie einwenden:

Vater/Mutter: »Ich hab's gestern gemacht. Jetzt bist du dran.«

Damit haben Sie sich auf den Gleichheitsgrundsatz als Voraussetzung eingelassen. Aber Vorsicht: Das heißt, dass Sie die implizite Prämisse Ihres Sohnes, dass alle Familienmitglieder bei der Hausarbeit gleichstark oder ihren Fähigkeiten gemäß belastet werden sollten, akzeptieren. Das ist in Ordnung, sollte Ihnen aber klar sein. Sie bezweifeln nur das »immer« – das ist naheliegend. Söhne und Töchter reden so, und damit lehnen sie sich regelmäßig zu weit aus dem Fenster. Auf Ihren Widerspruch kann Ihr Sohn auf dreierlei Weise reagieren:

1. Er kann Ihren Widerspruch akzeptieren.

Sohn (sich die Spülbürste schnappend): »Stimmt. Du hast recht. Ich nehme alles zurück und behaupte das Gegenteil.«

Der Sohn ist einsichtig, Ihr Argument hat ihn überzeugt und er macht sich an die Arbeit. Herzlichen Glückwunsch! Nicht nur, weil Sie Ihren Sohn überzeugt haben. Sondern auch, weil er so vorbildlich gelungen ist: Er hat Einsicht gezeigt und das ist keine Kleinigkeit. Also kosten Sie Ihren »Sieg« nicht aus. Sondern halten Sie die Klappe und lassen Sie ihn machen.

Bei Söhnen, Töchtern und der Beteiligung an der Hausarbeit halte ich aber aus Erfahrung diesen Fall für die Ausnahme. Ihr Sohn kann – 2. – gegen Ihren Widerspruch selbst wiederum Widerspruch einlegen.

Sohn: »Mag sein, dass du in diesem Punkt recht hast. Aber ich bin trotzdem heute nicht dran: Ich muss nämlich noch die Fische füttern und die Hausaufgaben machen und beides ist wichtiger. Und du bist mit der Arbeit für heute eh fertig.«

In diesem Fall hat Ihr Sohn Ihren Widerspruch gegen sein erstes Argument akzeptiert. Nun bringt er aber neue Argumente, die die These, dass er nicht spülen sollte, erhärten sollen (und gar keine schlechten, wie ich finde). Jetzt sind Sie wieder dran.

Er kann Ihrem Widerspruch aber auch anders widersprechen: Er kann – 3. – den Widerspruch selbst attackieren.

Sohn: »Stimmt doch gar nicht! Gestern hat Yvonne gespült. Vorgestern ich! Am Montag Mama. Wenn hier jemand dran ist, dann du!«

Da Sie sich mit Ihrem Argument auf den Gleichheitsgrundsatz gestützt haben, sieht es für Sie, wenn Ihr Sohn recht hat, verflixt schlecht aus. Sie müssen Ihre Position nun verteidigen. Mehr dazu steht im vierten Kapitel. Oder Sie kaufen eine Spülmaschine.

So viel zum fairen Angriff auf eine Argumentation. Jetzt kommen die harten Bandagen. Es wird unfair.

3.2 Unfair

Eine Argumentation können Sie auch mit unfairen Mitteln attackieren. Wie sinnvoll oder effektiv das ist, müssen Sie selbst entscheiden – das kann auch von Situation zu Situation sehr unterschiedlich sein. Grundsätzlich wäre ich damit sehr vorsichtig, gelegentlich mag es hilfreich sein. Fair sollten Sie insbesondere bei öffentlichen Diskussionen bleiben, wo es also nicht nur um Sie, Ihren Gesprächspartner und den Inhalt, sondern auch noch um die Frage geht, wer vor dem Publikum wie dasteht. Wenn unfaires Vorgehen in so einem Kontext durchschaut wird, rücken Sie sich selbst in ein ungünstiges Licht, Ihre Glaubwürdigkeit wird darunter leiden. Aus demselben Grund aber sollten Sie unfaire Methoden kennen, damit Sie ihnen adäquat begegnen können, wenn Ihre Argumentation mit unfairen Mitteln attackiert werden sollte.

Ich liefere hier keine vollständige Liste aller unfairen Möglichkeiten. Die wäre lang und niemals wirklich vollständig. Ich greife hier ein paar Möglichkeiten beispielhaft heraus, die deutlich machen, wie unfaires Vorgehen gegen Argumentationen funktioniert. Wenn Sie die durchschaut haben, wird es Ihnen nicht schwerfallen, weitere Beispiele aufzuspüren.

1. Thema wechseln

Vielen unfairen Mitteln liegt diese Strategie zugrunde: Das Thema wird nicht mehr weiter diskutiert. Es wird (mehr oder weniger getarnt, mehr oder weniger geschickt) ein anderes, mit den Argumenten verwandtes oder auch nur assoziativ verbundenes Thema in den Fokus genommen. Wenn man das offensichtlich macht, kommt es einer Gesprächsverweigerung gleich.

Vater: »Wann machst du endlich deine Hausaufgaben?«
Tochter: »Oma hat angerufen, wir sollen am Sonntag zum Kaffee rüberkommen.«

Die Tochter verweigert die Debatte über das unliebsame Thema. Sie wechselt das Thema so offensichtlich, dass sie ebenso gut den Raum verlassen und sich auf dem Klo einschließen könnte. Sie wird mit dem Vater nicht über das Thema Hausaufgaben diskutieren. Das ist kein fairer Angriff, sondern ein Ausweichmanöver. Manchmal ist das aber legitim.

2. Ad hominem

In Bundestagsdebatten wird heftig und viel gestritten. Nicht immer fair. Da gibt es zum Beispiel den Angriff auf den Sprecher oder die ganze Fraktion. Die Gesundheitsministerin Kristina Schröder (CDU) hat solche Angriffe in der Diskussion um das von ihrer Regierung eingeführte und hoch umstrittene Betreuungsgeld benutzt.[31] Das Betreuungsgeld wird Eltern gezahlt, die ihre Kinder, die noch nicht drei Jahre alt sind, zu Hause betreuen und sie nicht in eine Krippe oder Kita bringen. Dieses Gesetz war politisch quer durch alle Fraktionen umstritten und wurde letztlich vom CSU-Vorsitzenden Horst Seehofer mit der Drohung durchgedrückt, dass seine Partei die Regierungskoalition andernfalls platzen lasse. Frau Schröder hatte nun die undankbare Aufgabe, ein Gesetzesvorhaben zu verteidigen, das in den Reihen der Regierungsparteien und sogar unter den Ministerinnen und Ministern kontrovers diskutiert wurde. Nachdem sie eine Weile argumentiert hatte und dabei insbesondere auf die Eigenverantwortung und Entscheidungsfreiheit der Eltern pochte, ging sie dazu über, nicht mehr die Argumente der Opposition gegen das Gesetzesvorhaben zu diskutieren, sie machte der Opposition vielmehr moralische Vorwürfe:

»Meine Damen und Herren, seit Monaten führt die Opposition eine Kampagne gegen das Betreuungsgeld. Uns, die Koalition, wollten Sie damit treffen. Tatsächlich haben Sie Hunderttausende von Eltern beleidigt, vor allem auch solche mit Migrationshintergrund. Sie haben so getan, als würden Eltern ihren einjährigen Kindern schaden, wenn

---

31 Kristina Schröder ist nicht die einzige Politikerin, die das macht. Das Beispiel ist auch mehr dem Zufall geschuldet, dass ich ihre Rede im Radio verfolgen konnte, als der Parteizugehörigkeit. Es gibt genug Politikerinnen und Politiker der anderen Fraktionen, die genauso persönlich austeilen wie Frau Schröder.

sie sie nicht in die Kita geben. Stichwort: ›Bildungsfernhalteprämie‹. Sie haben so getan, als wären Frauen, die sich dafür entscheiden, sich selbst um ihr einjähriges Kind zu kümmern, nichts anderes als dumme Heimchen. Stichwort: ›Herdprämie‹. Sie haben bewusst die Büchse der Pandora geöffnet [Gelächter] mit dem Ergebnis, dass inzwischen jegliche Scham gefallen ist, junge Familien zu beleidigen. Stichwort: ›Verdummungsprämie‹. Meine Damen und Herren, es gibt in der Tat viele gewichtige Argumente in der Debatte ums Betreuungsgeld. Und Sie können sich sicher sein, dass wir darüber in der Koalition auch sehr intensiv diskutieren. Aber wenn ich diesen Ton höre, wenn ich diese Anmaßung spüre, wie Sie mit vollem Vorsatz den Lebensentwurf von 50 Prozent der Familien in Deutschland herabwürdigen, dann muss ich feststellen: Wir sind in Deutschland mit Vielfalt und Wahlfreiheit, mit Respekt und Toleranz offensichtlich noch lange nicht so weit, wie wir immer dachten, meine Damen und Herren.«[32]

Die Ministerin erhebt hier den Vorwurf, dass die Opposition eine Kampagne gegen Eltern starten würde, die ihre noch nicht dreijährigen Kinder zu Hause betreuen. Der Vorwurf lautet: Sie versuchen sich auf dem Rücken der Kinder und Eltern zu profilieren, machen Stimmung gegen die Regierungskoalition, treffen damit aber die Familien und sind intolerant den Familien gegenüber, die ihre unterdreijährigen Kinder zu Hause betreuen.

Das ist ein harter Vorwurf. Diese Art von Angriff nennt man »ad hominem«: Der Angriff ist nicht auf das Argument, sondern auf den Menschen, auf den oder die Sprecher gerichtet. Um Sinn und Unsinn der Argumentation geht es dabei nicht mehr, sondern um die Glaubwürdigkeit des Sprechers. Ottmar Schreiner von der SPD war ein Freund solcher *Ad-hominem*-Angriffe auf die anderen Fraktionen. Die fielen bei ihm gerne mal deftig aus:

---

32 Kristina Schröder (Bundesministerin für Familie, Senioren, Frauen und Jugend) in der 187. Sitzung des Deutschen Bundestages vom 28.06.2012. Nachzusehen und zu hören im Parlamentsfernsehen unter www.bundestag.de/mediathek. Permalink: http://dbtg.tv/fvid/1770364.

»Jemand, der allem zugestimmt hat, der sollte gefälligst die Schnauze halten.« (Schreiner am 28.06.2012 an die Reihen von CDU und FDP)[33]

2. Relevanz in Abrede stellen

Sie können, wenn Sie mit Ihren Argumenten nicht mehr weiterkommen (weil Sie womöglich im Unrecht sind), auch die Relevanz der Frage in Abrede stellen.

»Darum geht es doch gar nicht. In Wahrheit geht es doch um …«

Auch diese Formel hören Sie oft im Bundestag. Sie können damit einem Redner den Wind aus den Segeln nehmen. Denn plötzlich steht derjenige, der da argumentiert, als naiver Depp da, der gar nicht verstanden hat, »worum es eigentlich geht«. Statt sich mit Argumenten auseinanderzusetzen, kann man mit dieser Floskel ein neues Themenfeld, auf dem man sich sicherer fühlt, ansprechen.

Die Relevanz in Abrede zu stellen, kann aber auch fair sein. Es kann sein, dass damit eine Scheindebatte verlassen und eine Debatte über das wahre Problem eröffnet wird. Denken Sie nur wieder an den Kindergarten. Wenn Harald und Renate hin- und herdiskutieren, wem nun welches Förmchen oder welche Schaufel gehört, kommen sie möglicherweise vor lauter Diskussion gar nicht dazu, ihre Sandburg zu bauen. Da kann es schon hilfreich für die beiden sein, wenn man die Relevanz der Besitz-Frage in Abrede stellt und fragt: »Wolltet ihr nicht *eigentlich* eine Sandburg bauen? Und ist dafür nicht egal, wem welche Schaufel gehört?«

In solchen Fällen ist die Relevanzabrede, hier als Argument von einer dritten Seiten eingeführt, fruchtbar und legitim und somit kein unfairer Angriff.

4. Mitleid

Eher in den Bereich der Werbung als den der Argumentation gehören Appelle ans Mitgefühl. Sebastian hat sein drittes Bier bestellt. Es ist

33 http://dbtg.tv/fvid/1770409

aber nicht serviert worden. Als wir das Lokal verlassen, will Sebastian nur die zwei Bier bezahlen, die er auch serviert bekam.

Wirt: »Aber du hattest drei bestellt.«
Sebastian: »Ja, aber das dritte habe ich nicht gekriegt.«
Wirt: »Jetzt sei nicht so. Ich hab drei Kinder und ich muss auch mein Geld verdienen.«

Der Wirt könnte sich auf den Grundsatz einschießen: Bezahlt wird, was bestellt wurde. Aber das macht er nicht. Er appelliert an Sebastians Mitgefühl. Fair ist das nicht. Viel bringen wird es auch nicht. Denn selbst wenn Sebastian nun das Bier bezahlt, das er nicht bekommen hat – wiederkommen wird er mit Sicherheit nicht.

5. Autoritäten

Ich hatte schon gesagt, dass es in manchen Fragen Expertenmeinungen gibt, die wir zur Stützung von Argumenten benutzen können. Wer diese Expertenmeinungen aber als pure Autoritäten benutzt, der argumentiert unfair. Die Autoritäten können zum Beispiel sein:
- Experten
- berühmte Persönlichkeiten
- eine Mehrheit
- Traditionen

Zu den Experten und Berühmtheiten habe ich mich schon geäußert: Nur weil jemand Immanuel Kant, Iris Berben oder Alice Schwarzer heißt, hat sie oder er ja noch lange nicht recht. Als pure Autorität gebraucht, sind dies unfaire Schein-Argumente. Gültige Argumente erzeugen Sie mit dem Verweis auf Expertenmeinungen nur, wenn Sie sie im Sinne der oben beschriebenen geistigen Arbeitsteilung heranziehen. Dabei verschieben Sie die Aufgabe, die Wahrheit der von Ihnen zitierten These nachzuweisen, auf den Experten, der den nötigen Beweis erbracht hat. Das halte ich für fairen Gebrauch von Experten-Meinungen. Unfair wird er, wenn Sie nur an die Autorität appellieren:

»Schon der weltweise Kant ist nie gereist. Sei so klug wie er, Schwiegermutter. Bleib zu Hause!«

Auch mit Mehrheitsmeinungen kann man Schein-Argumente stützen und mithin unfair eine Argumentation attackieren:

Sohn: »Warum darf ich nicht *Spiderman* gucken?«
Mama: »Der Film ist ab 12. Du bist erst sieben.«
Sohn: »Aber Mama, alle in meiner Klasse dürfen *Spiderman* gucken!«

Selbst wenn man das »alle« in ein wahrscheinlicheres »die meisten« verwandelt: Ein Argument ist das, was der Sohn da sagt, nicht. Die Altersfreigabe kann er nicht wegdiskutieren. Der Einwand der Mutter ist berechtigt und stichhaltig. Der Sohn versucht diesen Einwand nun mit einem unfairen Mittel auszuhebeln: Er führt die (angeblich existierende) Mehrheit seiner Altersgenossen als Autorität an. Die ändert aber nichts an der Altersfreigabe. Der Sohn übt so zwar Druck auf die Mutter aus, aber dieser Druck ist *kein Argument*.

Auch Traditionen können als Autoritäten fungieren. Eine Schriftsteller-Kollegin wollte mit mir einmal über Astrologie diskutieren. Keine gute Idee, das mit einem so erdverbundenen Typen wie mir zu probieren. Meine Skepsis stand mir mal wieder deutlich ins Gesicht geschrieben. Sie aber hatte offenbar einen Missionsauftrag von den Sternen erhalten, daher wollte sie mich von der Wirksamkeit der Sterne auf die Charakterbildung von Menschen überzeugen. Ihr Argument für die angebliche Glaubwürdigkeit der Astrologie lautete:

»Das ist jahrtausendealtes Wissen. Das kann nicht falsch sein.«

Ihre These, dass die Sterne einen maßgeblichen Einfluss auf die Charakterbildung eines Menschen haben, begründete sie nicht. Sie probierte es nicht einmal. Sie versuchte mich anders zu überzeugen. Sie baute Druck auf, um mich in eine Position zu pressen: die Erfahrung der Menschen seit Jahrtausenden, die Traditionen. Genauer gesagt: Meine Kollegin versuchte, die Tradition als Autorität zu benutzen.

Aber Autorität ist ja nicht etwas, das jemand oder etwas einfach hat. Autorität ist in diesem Sinn keine Eigenschaft; sie gleicht eher einer Beziehung. Und das ist ein gewaltiger Unterschied, der hier eine Rolle spielt. Um den zu verstehen, müssen wir kurz ein bisschen über Eigenschaften und Beziehungen nachdenken.

Eine Eigenschaft ist etwas, das einem Ding oder einer Person zukommt. Röte oder Kahlköpfigkeit sind zum Beispiel Eigenschaften: Mein Telefon ist rot. Es hat diese Eigenschaft, egal, was ich davon halte. Ich bin ein Glatzkopf. Ich habe diese Eigenschaft, egal, was meine Frau davon hält.

Eine Beziehung hingegen ist etwas, das zwischen zwei Dingen oder Personen besteht. Liebe ist ein gutes Beispiel: Peter liebt Paula. Er kann nicht alleine lieben, er braucht dazu eine andere Person, die er liebt. Rechts von etwas stehen, ist ein anderes klares Beispiel für eine Beziehung. Diese Beziehung besteht zum Beispiel zwischen zwei Büchern auf meinem Schreibtisch:

»Der Quintilian steht rechts vom Watzlawick.«

Wie steht es nun mit so etwas Kompliziertem wie Autorität? Ist das eine Eigenschaft wie die Kahlköpfigkeit, die einer Person oder Sache einfach zukommt? Oder ist es eine Beziehung wie die Liebe oder das Rechts-von-etwas-stehen, das nur zwischen zwei oder mehr Personen oder Dingen bestehen kann? Die Frage ist nicht leicht zu beantworten und das liegt an der deutschen Sprache. Denn die Sprache verleitet uns dazu zu sagen: Autorität ist eine Eigenschaft. Denn wir sagen ja so Sachen wie zum Beispiel:

»Oberstudienrat Overbrink hat Autorität. Der wird die Klassenfahrt schon schaukeln.«
»Der Overbrink, das ist ein autoritärer Sack. Mit dem wird die Klassenfahrt der reine Horror.«

Und das klingt so, als wäre Autorität nichts anderes als Glatzköpfigkeit:

»Der Overbrink hat eine Glatze.«
»Der Overbrink ist ein glatzköpfiger Sack.«

Aber hier täuscht die Sprache. Denn Autorität hat man nicht so wie man eine Glatze hat. Autorität ist etwas, was jemand einem zu- oder abspricht. Und das heißt: Autorität ist eine Beziehung zwischen mindestens zwei Partnern. Demjenigen, der die Autorität ist, und demjenigen, der die Autorität anerkennt. Zum Beispiel wird ein Lehrer von Schülern als Autorität anerkannt. Wenn die Schüler den Lehrer aber nicht als Autorität anerkennen, geht die Autoritäts-Beziehung in die Brüche. Dann kann der Lehrer versuchen, etwas für diese Anerkennung zu tun. Aber er hat sie nicht so ohne Weiteres und unabhängig davon, was seine Schüler von ihm halten (so wie mein Telefon rot bleibt, auch wenn ich es blau schöner fände). Rumschreien, Verteilen von schlechten Noten und Strafarbeiten haben sich bei Lehrern, die autoritärer sein wollen, bewährt, um eine Autoritätsbeziehung zu den Schülern aufzubauen oder aufrechtzuerhalten. Denn wie bei Liebesbeziehungen muss man schon etwas für die Beibehaltung der Autorität tun.

Wie aber steht es im Fall der Tradition, dem »Wissen der Menschheit« und Christian Tielmann? Meine Kollegin wollte eine Autoritätsbeziehung zwischen mir und dem vermeintlichen »Wissen der Menschheit« stiften. Dummerweise erkenne ich die Autorität dieser Tradition nicht an, und das aus einem simplen Grund: Ich bezweifle, dass es sich um echtes Wissen handelt. Hier haben wir es doch nur mit jahrhundertelang kursierenden Meinungen zu tun. Und Meinungen können, egal wie lange sie tradiert werden, falsch sein. Denken Sie nur an die Standard-Beispiele für falsche Meinungen, die Menschen in der Vergangenheit für wahr hielten: Die Erde ist keine Scheibe. Die Erde steht nicht still im Zentrum des Universums. Der Aderlass ist keine geeignete Therapie gegen die Pest. Es gibt keine Hexen (Frauen, die mit dem Teufel im Bunde sind). Mein Zittern vor der Autorität »Wissen der Menschheit« hält sich daher in Grenzen. Wie gesagt: Irren ist dämlich, aber menschlich. Der Versuch meiner Kollegin war kein fairer Angriff auf meine Skepsis: Sie hat kein stichhaltiges Argument für die Wirkung von Sternkonstellationen auf die Charakterbildung von Menschen geliefert. Sie hat vielmehr versucht, Druck aufzubauen, indem sie eine

Beziehung der Autorität stiften wollte. Da ich aber diese Sorte Tradition nicht als Autorität anerkenne, ist das in die Hose gegangen.

Um Missverständnissen vorzubeugen: Aus der Astrologie-Diskussion folgt *nicht*, dass ich jedwedes Erfahrungswissen für zweifelhaft halte. Skeptiker, die nicht glauben wollen, dass Fingerhut oder Knollenblätterpilze giftig sind, haben schlechte Karten, was das Überleben auf der Erde angeht. Was ich allerdings bezweifle, ist die Richtigkeit der Behauptung, dass alte Meinungen *nicht falsch sein können*, nur weil sie alt sind. Die Erfahrung lehrt: Sie können.

An den drei Beispielen Experten, Mehrheit und Tradition haben wir nun gesehen, wie der unfaire Rückgriff auf Autoritäten funktioniert. Ich will aber an dieser Stelle ausdrücklich darauf hinweisen, dass alle drei auch gültige Argumente liefern können.

Wenn Expertenmeinungen im Sinne der geistigen Arbeitsteilung zitiert werden, um eine These zu begründen, werden sie nicht als *Autoritäten* gebraucht.

Wenn eine Gruppe basisdemokratisch darüber abstimmt, ob sie für die Renovierung der Gemeinschaftsküche 2000 Euro ausgibt oder nicht, dann ist die Mehrheitsmeinung keine Autorität.

Analog lassen sich Traditionen in Argumente einbauen:

Der Sohn: »Warum soll man in der Synagoge einen Hut aufsetzen, ihn in der Kirche absetzen und in der Moschee die Schuhe ausziehen?«
Der Vater: »Das sind Riten, Traditionen innerhalb dieser Religionen.«

Das Argument des Vaters ist stichhaltig. Es liefert eine gute Begründung dafür, warum man sich so verhalten sollte. Er greift dabei auf Traditionen zurück. Aber die Traditionen werden nicht (wie in der unfairen Version) als Autoritäten, sondern als Bestandteil eines Arguments angeführt: Die Kleiderordnung in den Gotteshäusern der monotheistischen Religionen sind eben rituell tradiert. Wer nicht unverschämt erscheinen will, hält sich an diese Riten, das heißt: Die Riten sind der Grund für das Verhalten der Menschen.

Kommen wir nun noch zu einem letzten unfairen Angriff.

6. Tod durch Umarmung

Wenn gar nichts mehr geht, können Sie den folgenden Trick anwenden. Wenn Sie jemandem rhetorisch unterlegen sind und einfach nicht mehr diskutieren wollen, können Sie ihm in allen Punkten recht geben. Sie kündigen damit die Basis der Kommunikation auf. Es ist, als würden Sie Ihren Gesprächspartner einfach stehenlassen und weggehen. Ein einigermaßen einfühlsamer Gesprächspartner wird das spüren. Tun kann er aber nichts dagegen, Sie geben ihm ja alles zu. Nur unterschreiben sollten Sie nichts. Schließlich glauben Sie ja den Quark nicht, den Sie da gerade einräumen.

Ausweglose Debatten kann man so beenden. Konflikte werden Sie so zwar nicht lösen, aber wenigstens haben Sie für den Augenblick Ihre Ruhe. Um allerdings die verhandelten Probleme zu lösen, ist das Vertagen in vielen Situationen sicherlich aussichtsreicher.

Übung

Um faire und unfaire Angriffe zu trainieren, empfehle ich die folgende Übung:

Schauen Sie sich Parlamentsreden (zum Beispiel unter www.bundestag.de) an und analysieren Sie sie. Schreiben Sie sich auf, wo faire und wo unfaire Angriffe auf die Argumentationen der Gegenseite gebraucht werden. Falls Sie Talkshows ertragen, können Sie natürlich auch dortige Debatten zur Analyse nutzen. Der Bundestag hat den Vorteil, dass die Redner, auch wenn sie nicht alle brillant sind, doch zumindest vorbereitet ans Pult treten.

4. Wie man eine Argumentation verteidigt

Kommen wir zum letzten Schritt. Nehmen wir an, Sie haben Ihre Argumentation aufgebaut und vorgetragen und sie wird kritisiert. Zittern Sie jetzt nicht vor Angst! Schmeißen Sie die Flinte nicht ins Korn! Fahren Sie aber auch nicht aus der Haut, nur weil dieser neunmalkluge Wicht von einem Sekretär es wagt, Ihre Meinung zu kritisieren! Behalten Sie einen kühlen Kopf und den Überblick über das Gespräch! Das alles ist leichter gesagt als getan. Zweifelsohne. Aber es ist viel leichter, selbst in einer hitzigen Debatte den Überblick zu behalten, wenn Sie ein paar Dinge beachten oder sich antrainieren.

Bevor ich die argumentativen Möglichkeiten der Kritik und die Werkzeuge zum Umgang mit Kritik in den Blick nehme, will ich erst noch zwei Vorreden vorschalten, weil es zwei Übeltäter gibt, die uns die schönste Diskussion versauen können: Gefühle und Chaos. Wenn Sie in Wut geraten oder in Depressionen versinken, diskutiert es sich ebenso wenig rational wie in dem Fall, in dem Sie einfach nicht mehr klar sehen, worüber denn eigentlich gestritten wird. Beides passiert leicht, wenn die Debatten hitzig und die Themen ausufernd werden.

Schauen wir also in einer ersten Vorrede zunächst auf die Hitzigkeit, auf die Emotionen. In der zweiten Vorrede geht es dann um die Chaos-Prävention.

Vorrede 1: Emotionen gehören dazu

Die meisten Emotionen kommen ins Spiel, wenn Ihnen Ihre Meinung wichtig ist, Sie von der Richtigkeit felsenfest überzeugt sind und die Position, für die Sie streiten, Ihnen am Herzen liegt. Emotionen gehören dazu, denn es ist nicht angenehm, kritisiert zu werden. Und es ist auch nicht sinnvoll, nur noch Themen anzupacken, die einem letztlich egal sind. Das macht zwar den Umgang mit den Emotionen im Fall der Kritik leichter. Denn wenn Sie nicht für die Sache brennen, die Sie vertreten, ist es Ihnen vermutlich auch herzlich egal, wenn sich diese Sache als falsch herausstellt. Wenn Sie sich aber gewohnheitsmäßig nur noch für Fragen einsetzen, die Ihnen im Grunde egal sind, stellt sich irgendwann das Gefühl ein, dass Sie im Leben noch nicht zum Eigentlichen, zu dem, was Sie interessiert, vorgedrungen sind.

Die Kolloquien meines Doktorvaters waren beileibe keine Plauderstündchen: Da saßen wir mit unseren Texten, deren Argumentationen wir mühevoll in wochen-, manchmal monatelanger Arbeit aufgestellt, formuliert, geprüft und für gut und stichhaltig befunden hatten, und dann kam die Kritik – nicht nur des Professors, sondern auch der wohlvorbereiteten Kommilitonen. Was tun, wenn wir unsere schöne Argumentationskette in Einzelglieder zerlegt finden, von denen jedes zweite anscheinend eine kariöse Stelle hat? Wie sollen wir damit umgehen, wenn unser schönes Gedankengebäude unversehens als Trümmerhaufen vor uns liegt?

Die Antwort kann nur lauten: Schauen Sie nicht auf sich und Ihre Gefühle. Schauen Sie auf die Kritik und die kritisierte Sache. Und diese Sache, egal wie sehr Sie Ihnen am Herzen liegt, diese Sache sind ja nicht Sie selbst. Das heißt nicht, um es noch einmal zu sagen, dass Gefühle außen vor bleiben. Sie kommen sowieso ins Spiel. Aber um mit Kritik konstruktiv und argumentativ umgehen zu können, sollten Sie die kritisierte Sache und nicht die Person, deren Sache kritisiert wurde, in den Blick nehmen. Wenn es Ihnen schwerfällt, mit Kritik umzugehen, könnte der folgende Trick helfen: Tun Sie so, als wäre es gar nicht Ihre Meinung, sondern irgendeine Meinung, die es zu prüfen gilt. Ich gehe manchmal dazu über, von mir selbst im Gespräch mit den Lektorinnen meiner Verlage vom »Autor des Textes« (also in der dritten Person) zu sprechen. Damit schaffe ich Distanz zwischen mir und meinem Text und das macht es leichter, den Kopf wieder kühl zu kriegen. Und der Kopf muss nun mal einigermaßen kühl sein, um klar über den Text und *seine* (nicht meine) Probleme nachdenken zu können.

Soviel zu den Emotionen. Kommen wir nun zur Frage, wie man den Überblick behält.

Vorrede 2: Die Chaos-Prävention

Mein Albtraum vor dem Examen ging ungefähr so:

Der Prüfer: »Was Sie da vorschlagen, Herr Tielmann, klingt ja schön und gut. Nur haben Sie irgendwie noch gar nicht verstanden, worum es in der Debatte eigentlich geht. Sie müssen doch begriffen haben, dass die Kryptologie gerade auch für die Germanistik aus hermeneutischer Sicht es unumgänglich macht, sich ebenso mit Hegel wie mit dem kritischen Rationalismus zu befassen. Was können Sie diesem Vorwurf entgegnen – auch und gerade unter den zentralen postmodernen Aspekten Ihres Epochenbegriffs?«

Ich *schweige und schwitze.*

Der Prüfer *schweigt und erwartet eine Antwort.*

Ich *schweige und habe keine Ahnung, wovon eigentlich die Rede ist.*

So ein Albtraum ist schrecklich. Das Gute: Es ist nur ein Traum und man wacht nassgeschwitzt auf. Prüfungssituationen sind besondere Situationen der Argumentation. Denn in ihnen wird vom Prüfer erwartet, dass der Prüfling gewisse Argumente *nennt*, egal ob er sie auch *vertritt* oder nicht. Das macht aus einer Prüfung immer auch eine irgendwie lächerliche Veranstaltung. Aber um diesen Punkt geht es mir nicht, mir geht es um das Verlieren des Überblicks. Um das Chaos.

Wenn in Ihre Diskussion einmal Chaos Einzug gehalten hat, haben Sie größte Mühe, das wieder auf- und die Missverständnisse auszuräumen. Packen Sie die einzelnen Themen lieber von vornherein in die Schubladen, in die sie gehören, und ziehen Sie dann eine nach der anderen auf. In größeren Runden gibt es hierfür ein simples und wirksames Mittel: die Tagesordnung, auf deren Einhaltung eine Moderatorin achten sollte.

Den Überblick haben Sie verloren, wenn Sie sich plötzlich die folgenden Fragen stellen müssen, so wie ich in meinem Albtraum:
- Über welche Themen reden wir?
- In welchen Punkten genau sind wir eigentlich uneins?
- Geht es noch um die Sache oder nur noch um die Sprecher?

Wie also verhindert man Chaos in einer Debatte und wie behält man den Überblick?

Als erstes müssen Sie sich Zeit verschaffen. Denn wenn Sie vom einen zum anderen Punkt hetzen, haben Sie kaum die Entspannung, die nötig ist, um nachdenken zu können. Also verschaffen

Sie sich Zeit. Ich hatte oben ja schon etwas dazu gesagt, wie man aus einer Debatte Tempo herausnehmen kann. Sie können z. B. die letzte Äußerung Ihres Gesprächspartners mit Ihren Worten wiedergeben, ohne inhaltlich zuzustimmen. Dann beziehen Sie zu diesem Punkt *keine* Stellung. Stattdessen kündigen Sie an, dass Sie das gleich tun werden. Das klingt vielleicht blöd, macht aber die Debatte langsamer.

Dann kommt die kommunikative Vollbremsung: Sie wechseln auf die Metaebene. Unter der Metaebene verstehen Sprachwissenschaftler und Philosophen die höhere Sprachebene, auf der nicht mehr über die Sache debattiert wird, sondern über die Debatte selbst. Nehmen wir den folgenden kleinen Dialog:

Der Redakteur: »Ich will Ihr Drehbuch jetzt ja nicht grundsätzlich neu schreiben. Ich finde die Figur der Ärztin wirklich großartig. Die könnten wir ausbauen. Dieser Charakter verträgt doch viel mehr Raum! Wie wäre es zum Beispiel, wenn Sie sich in den korrupten Journalisten verliebt, statt von ihm zerstückelt zu werden? Der könnte ja vielleicht ihr Chefarzt sein. Das würde doch im Grunde auch gehen.«

Der Autor: »Klar, das könnten wir machen. Nur ist es dann kein Splatter-Schocker mehr, über den wir bisher geredet haben. Dann reden wir über eine Arzt-Romanze.«

Der Autor wechselt auf die Metaebene. Er steigt nicht in die Diskussion darüber ein, was die Figur der Ärztin tun oder lassen sollte. Er fragt nach dem Thema des Films und somit des Gesprächs überhaupt.

Ebenso wechselt auf die Metaebene, wer nicht mehr die Argumente für oder wider eine These zum Thema macht, sondern die Debatte selbst:

Mann: »Du hast Waldemar nie geliebt! Deshalb hast du ihn vergiftet! Dabei war er so ein lieber, unschuldiger Hamster! Und er hat mit all der Streiterei zwischen uns doch gar nichts zu tun gehabt! Wie kann man nur so grausam sein?«

Frau: »Ach, jetzt reden wir wieder miteinander?«

Die Frau lässt sich nicht auf die Hamster-Debatte ein. Sie wechselt auf die Metaebene und redet über die Tatsache, dass ihr Mann wieder mit ihr spricht.

Der Wechsel auf die Metaebene kann hilfreich sein, um Umwege und ein Abschweifen des Gesprächspartners in Grenzen zu halten.

Sie: »Dave ist ein Snob. Guck dir nur mal das Auto an.«
Er: »Was hast du gegen Autos?«
Sie: »Nichts. Es war doch nur ein Beispiel.«

Indem Sie deutlich machen, was Sie als Beispiel meinen, wo Sie übertreiben, wo jemand untertreibt, benutzen Sie die Metaebene. Sie reden nicht über das Thema, sondern über Ihre Äußerungen.

Ebenso können Sie Themenwechsel thematisieren. Der Vorteil: Sie machen kleinere Gedankenschritte. Und allgemein gilt: Je kleiner die Schritte in Gedanken sind, desto leichter können wir sie denken. Wenn Sie das Gefühl haben, dass Ihr Gegenüber ein neues Thema anschneidet und Sie immer mehr vom Hölzchen aufs Stöckchen kommen, dann thematisieren Sie das!

»Wir haben jetzt geredet über Goethes *Faust*. Wenn ich dich richtig verstehe, spielen hier auch noch Hegel, Wittgenstein und Foucault eine große Rolle. Ich würde die Philosophen jetzt aber gerne noch kurz zurückstellen, denn wir hatten da gerade bei Goethe noch ein paar Punkte, die ich diskutieren möchte.«

So schafft man Ordnung und vermeidet das Chaos. Sie räumen die Debatte auf der Metaebene auf. Zu Hause können Sie ja auch nicht putzen, wenn Staubsauger, Besen, Eimer und die gesammelte Unordnung von zwei ausufernden Partys noch herumliegen. Also: Erst alle Themen in ihre Schubladen. Dann diskutieren Sie Thema für Thema, solange Sie Lust haben … und der Wirt Sie und Ihren Gesprächspartner nicht rausschmeißt.

Vom Umgang mit Kritik

Kommen wir nach diesen beiden Vorreden endlich zu den argumentativen Werkzeugen. Dabei liegt der Schwerpunkt für mich auf der Frage, wie man mit *fairen* Angriffen umgeht. Aber auch zu den unfairen Attacken werde ich noch etwas sagen.

Kritik kann unterschiedlich ausfallen. Und je nachdem wie sie ausfällt, ist auch Ihre Reaktion darauf anzupassen. Also verschaffen wir uns zunächst einen Überblick über die möglichen Fälle. Für den Überblick rede ich etwas abstrakter, aber keine Angst, ich werde alle Positionen des Flussdiagramms gleich mit Beispielen füllen!

Nehmen wir an, dass Sie eine Meinung (ich nenne sie abstrakt Meinung »p«) vertreten und sie mit Argument »A« begründet haben. p und A sind Sätze, die Sie geäußert haben. Wie zum Beispiel:

p: »Es sollte ein generelles Tempolimit auf deutschen Autobahnen eingeführt werden.«
A: »Bei Geschwindigkeiten über 120 km/h stoßen die Autos viel mehr klimaschädliche Schadstoffe aus.«

Wenn nun Ihr Kritiker auf Ihre Argumentation reagiert, dann kann seine Kritik grundsätzlich auf zweierlei Weise ausfallen: Entweder sie ist berechtigt oder sie ist unberechtigt.

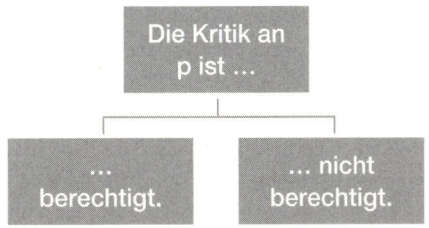

Berechtigte Kritik

Kümmern wir uns zunächst um berechtigte Kritik und nehmen wir das Beispiel von eben. Sie diskutieren mit Ihrem Freund, der Testfahrer bei einem großen Sportwagenhersteller ist, über die Einführung eines Tempolimits auf deutschen Autobahnen. Sie sind für die Einführung und bringen das Umwelt-Argument von oben. Um nun das Beispiel zu retten, müssen wir ein bisschen Science-Fiction spielen: Nehmen wir (um des Beispiels willen) an, dass Sie mit Ihrem Freund im Jahr 2056 diskutieren. Und nehmen wir ferner an, dass die Autoindustrie es inzwischen geschafft hat, sich von klimaschädlichen Antrieben zu verabschieden.

Sie: »Bei Geschwindigkeiten über 120 km/h stoßen die Autos viel mehr klimaschädliche Schadstoffe aus.«

Er: »Quatsch! Wir bauen zurzeit so viele Elektroautos und klimaneutrale Antriebe, dass sich das Problem der Schadstoffe längst erübrigt hat.«

In unserem Science-Fiction-Szenario hat Ihr Gesprächspartner zweifelsohne recht mit seiner Kritik. Aber was genau hat er kritisiert? Ihre These p oder das Argument A für diese These?

Er hat das Argument A kritisiert, das Umwelt-Argument. Und wir haben um des Beispiels willen zugestanden, dass dies sogar berechtigt war. Ist damit Ihre These, dass auf deutschen Autobahnen ein generelles Tempolimit eingeführt werden sollte, vom Tisch? Nein. Denn die Richtigkeit dieser These hängt nicht ausschließlich vom direkten Schadstoffausstoß ab, den Sie mit Ihrem Argument ins Feld geführt haben. Also müssen wir unter der berechtigten Kritik zwei weitere Fälle unterscheiden:

Im Autobahn-Beispiel ist noch Spielraum für Ihre These. Sie können akzeptieren, dass das Umwelt-Argument nicht mehr zieht. Sie können vielleicht auch das Umwelt-Argument abwandeln: Denn woher bekommen die Elektro-Autos ihren Strom? Wird er klimaneutral erzeugt? Wenn das Umwelt-Argument aber im Jahr 2056 tatsächlich nicht mehr zieht, weil alle Umweltfragen technisch gelöst sein werden, dann können Sie Ihre These auch noch mit anderen Argumenten stützen: zum Beispiel der entspannteren Art zu reisen (wie wir alle sie aus den europäischen Nachbarländern kennen) oder der Vermeidung schwerer Unfälle. Sie führen dann einfach *neue* Argumente, die Ihre These begründen, ins Feld. Ihr Gegenüber kann diese dann wieder Argument für Argument prüfen und kritisieren und das Spiel beginnt von vorne.

Wenn Ihre *These* durch die berechtigte Kritik *widerlegt* ist, kommt die Diskussion zumindest vorläufig an ein Ende: Sie haben unrecht und haben das auch erkannt. Herzlichen Glückwunsch, das ist ein echter Erkenntnisgewinn! Nehmen wir wieder ein Beispiel aus dem Umweltbereich.

Ellen: »Atomkraft ist Mist fürs Klima. Die Kraftwerke stoßen zu viele klimaschädliche Gase aus.«

Birgit: »Quatsch! Die Atomkraftwerke stoßen doch kaum Gase aus, höchstens diese Wasserdampfwolken über den Kühltürmen. Aber die sind vergleichsweise harmlos.«

Nach allem, was wir bisher wissen, hat Birgit recht: Der Dampf aus den Kühltürmen trägt zwar zur Wolkenbildung bei, aber das hat nach unserem bisherigen Wissensstand keine verheerende Wirkung auf das Klima. Das heißt, Ellens These »Atomkraft ist Mist für das Klima« ist widerlegt.

Aber auch jetzt gibt es noch Möglichkeiten für Ellen: Sie kann ihre *These* so verbessern und neu aufstellen, dass sie gegen die Kritik von Birgit immun ist.

Ellen: »Aber Atomkraftwerke sind trotzdem Mist für die Umwelt: Wir wissen nicht, wohin mit dem strahlenden Müll, und es kann Störfälle geben, bei denen die Umgebung verstrahlt wird.«

Ellen ist nun von der These »Die Atomkraft ist klimaschädlich« dank der Kritik von Birgit übergegangen zu einer richtigen These: »Die Atomkraft ist Mist für die Umwelt.«

Solche Veränderungen der Thesen, für die wir streiten, nehmen wir auch vor, wenn wir Kompromisse schließen. Der Ertrag der oben erwähnten Kolloquien während meiner Promotion bestand gerade darin, dass die aufgestellten Thesen auf das unbedingt nötige Maß abgeschwächt wurden. So haben wir am Ende in unseren Doktorarbeiten nur noch das behauptet, was wir behaupten mussten und, so hoffe ich, auch beweisen konnten. Die Thesen sind dadurch weniger leicht zu widerlegen, einfach weil sie wie ein windschnittiges Auto weniger Angriffsfläche bieten.

Zusammenfassend lässt sich sagen: Wenn die Kritik berechtigt ist, haben Sie stets zwei Möglichkeiten. Entweder Sie bringen neue Argumente für Ihre These oder Sie verändern Ihre These so, dass die Kritik sie nicht mehr trifft.

So viel in aller Kürze zu den Möglichkeiten im Umgang mit berechtigter Kritik. Sehen wir uns nun die andere Seite an.

Unberechtigte Kritik

Kritik ist nicht immer berechtigt. Manchmal empfinden wir sie als unberechtigt, falsch oder unzutreffend. Es ist mitunter gar nicht so leicht herauszufinden, woher genau dieses Gefühl kommt. Das hängt sicherlich auch damit zusammen, dass Kritik auf vielfältige Weise danebengehen kann.

Ich will im Folgenden drei Arten von *unberechtigter* Kritik erläutern. Die Unterschiede legen dann auch nahe, welche Art von Reaktion darauf angemessen und erfolgversprechend sein kann.

Schauen wir uns den folgenden Fall an:

Antonia: »Max und Ferdi kommen zur Party. Also sollten wir auch noch eine vegetarische Suppe kochen.«

Boris: »Quatsch, wir haben genug gekocht. Wer meine Gulaschsuppe nicht mag, kann sich was von den Schinkensemmeln oder Frikadellen nehmen.«

Irgendwie geht hier was schief bei der Kritik. Was genau?

Antonias These lautet: Wir sollten auch noch eine vegetarische Suppe kochen. Boris verweigert seine Zustimmung. Nur treffen seine Argumente weder Antonias These noch ihr Argument (es kommen auch Vegetarier zur Party und jeder Gast sollte etwas zu essen bekommen). Boris' Kritik würde passen, wenn Antonia sagen würde: »Lass uns noch eine andere Suppe kochen, damit die, die kein Gulasch mögen, auch was essen können.« Wenn die beiden keine Vegetarier eingeladen hätten, würde ich Boris in diesem Fall zustimmen. Es ist in meinen Augen der Gastfreundschaft genüge getan, wenn sich die Tische biegen vor Futter und jeder Gast eine reelle Chance hat, etwas zu finden, das er auch mag.

Formal gesprochen: Antonia hat die folgende These p aufgestellt.

p: »Wir sollten auch noch eine vegetarische Suppe kochen.«

Begründet hat sie p mit Argument A:

A: »Wir werden auch Vegetarier als Gäste haben.«

Boris kritisiert nun aber nicht These p, sondern These q und Argument B:

q: »Wir sollten noch eine zweite Suppe kochen.«

B: »Es könnte sein, dass manche Gäste die Gulaschsuppe nicht mögen.«

Das heißt: Die Kritik von Boris ist für die These von Antonia *nicht relevant*.

Tragen wir dies nun in das Flussdiagramm von oben als erste Möglichkeit unberechtigter Kritik ein (siehe Seite 144).

Wie ist auf irrelevante Kritik zu reagieren? Die Kritik ist natürlich zurückzuweisen. Offensichtlich hat Boris die These von Antonia nicht richtig verstanden.

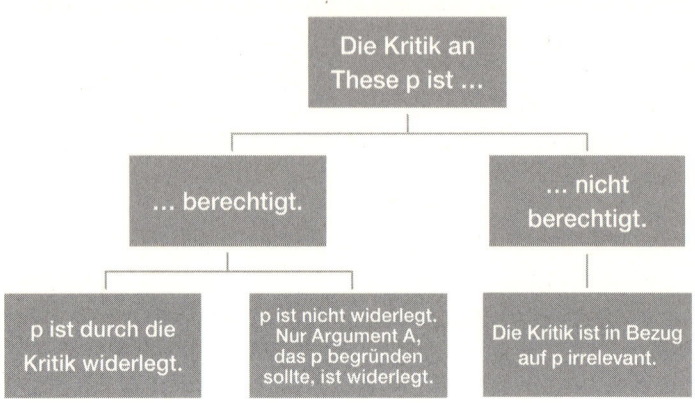

Antonia: »Boris! Hast du nicht zugehört? Max und Ferdi sind *Vegetarier*. Die essen gar kein Fleisch. Also auch keine Schinkenbrote oder Frikadellen!«

Es wäre nun schön, sich auszudenken, was Boris darauf wohl sagt … Jedenfalls aber scheint er nicht verstanden zu haben, was Vegetarier sind – möglicherweise kann er sich nicht vorstellen, dass es Menschen gibt, die gar kein Fleisch essen. Für den Augenblick aber reicht es. Antonia reagiert angemessen auf die Kritik, wenn sie sich *nicht* auf eine Debatte über die Richtigkeit von Boris' Argumenten einlässt, sondern ihre Position noch einmal wiederholt und erklärt.

In diesem Beispiel klingt das vielleicht banal. Aber ich habe es so gewählt, damit Sie sofort sehen, dass Boris' Kritik irrelevant für Antonias Punkt ist. In den mündlichen Debatten des Alltags aber lässt man sich nur allzu leicht auf Diskussionen ein, die man gar nicht zu führen braucht. Sie erinnern sich: Mündlichkeit heißt kommunikative Hochgeschwindigkeit – da wird es schneller unübersichtlich. Also beharren Sie so lange auf Ihrer These und den Argumenten, bis Sie sicher sind, dass Sie verstanden werden!

Die zweite Art unberechtigter Kritik funktioniert etwas anders. Da jede Kritik selbst ja auch begründet werden muss, handelt es sich bei ihr wiederum um nichts anderes als eine Behauptung, die mit Argumenten gestützt wird. Also gilt alles, was wir bisher zum Gelingen und Misslingen von Argumentationen gesagt haben, auch für die Kritik. Es ist daher auch der Fall denkbar, dass der Kritiker Ihre Position verstanden hat und sie dennoch zu Unrecht kritisiert, weil er in seiner Kritik von falschen Voraussetzungen ausgeht oder logische Fehler macht.

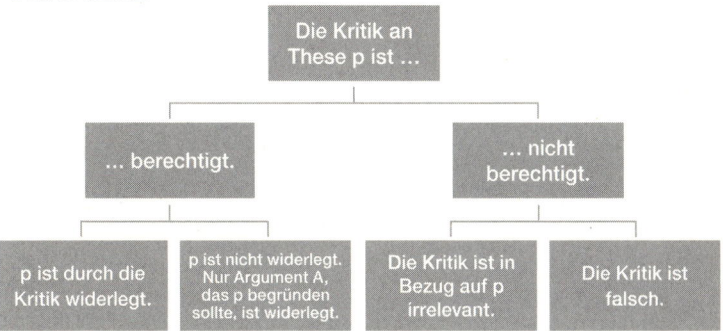

Nehmen wir an, dass Dieter zu Besuch bei Verona ist. Verona erklärt Dieter, wie er wieder zurück zum Hauptbahnhof kommt:

Verona: »Du fährst mit der Linie 6. Am Ebertplatz gehen die Türen links und rechts von der U-Bahn auf. Du musst links aussteigen. Auf der gegenüberliegenden Bahnsteigseite fahren die U-Bahnen zum Hauptbahnhof.«
Dieter: »Nein, rechts.«
Verona *überlegt kurz, ob sie links und rechts verwechselt hat*: »Nein, ich bin mir sicher, dass es die linke Seite ist. Ich fahre ja selbst jeden Tag die Strecke.«
Dieter: »Nein. Zu Hauptbahnhöfen muss man immer rechts umsteigen.«

Die These p von Verona lautet hier:

p: »Wenn du zum Hauptbahnhof willst, musst du am Ebertplatz links aussteigen.«

Dieter kritisiert diese These. Sein Argument aber ist falsch: Seine Minimal-Theorie, nennen wir sie T, besagt, dass man, wenn man zu einem Hauptbahnhof fahren will, in egal welcher U-Bahnlinie der Welt an egal welchem Umstiegsbahnhof immer rechts aus der Bahn aussteigen muss.

T: »Wenn man zu einem Hauptbahnhof fahren will, muss man in egal welcher U-Bahnlinie der Welt an egal welchem Umstiegsbahnhof generell rechts aus der Bahn aussteigen.«

Die Theorie T ist klein, knapp und falsch. Aber sie liefert die zentrale Voraussetzung für Dieters Kritik an Veronas These. Im ersten Kapitel haben wir gelernt, dass man aus falschen Voraussetzungen alles Mögliche folgern kann, aber keine zuverlässige Wahrheit. Tatsächlich hat Verona recht: Man muss links aussteigen, wenn man zum Hauptbahnhof will. Dieter wird dies auch noch lernen … am Ebertplatz.

Was tun Sie, wenn Sie den Verdacht haben, dass jemand in seiner Kritik von falschen Voraussetzungen ausgeht? Dasselbe wie bei jeder anderen Prüfung einer Argumentation: Erst paraphrasieren Sie seine These bis zur Zustimmung, damit Sie sicher sind, Ihren Gesprächspartner richtig verstanden zu haben. Dann prüfen Sie die Korrektheit der logischen Struktur und der Argumente, machen den Prämissen-Check und melden gegebenenfalls Ihren Widerspruch an der Kritik an. Dabei gerät man leicht in die Vom-Hölzchen-aufs-Stöckchen-Falle. Aber Sie wissen ja, wie man die umschifft: Wechseln Sie gegebenenfalls auf die Metaebene. Dann können Sie wieder erst die Themen sortieren und dann eins nach dem anderen prüfen. Theoretisch jedenfalls …

Die dritte Art von unberechtigter Kritik ähnelt der ersten. Sie ist nicht relevant, das aber auf besondere Art: Die Kritik kann unfair sein. Der Kritiker hat möglicherweise gar nicht mehr argumentiert oder er argumentiert gegen den Sprecher statt gegen dessen Standpunkt und was der unfairen Angriffe mehr sind.

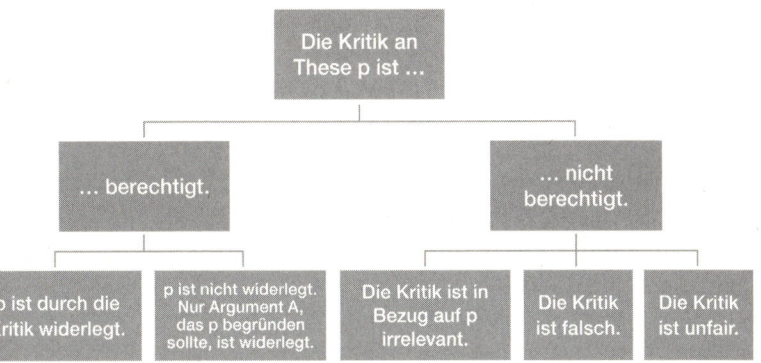

Als Daniel Cohn-Bendit in den sechziger Jahren nach Frankfurt kam, wollte er Austern essen. Das war in der linken Szene in Deutschland als bürgerlicher Mist verpönt. Cohn-Bendit hat das nicht verstanden, weil in Frankreich jedermann Austern isst. Im Prinzip wäre damals der folgende, von mir ausgedachte, Dialog denkbar gewesen:

Daniel Cohn-Bendit: »Wir sollten Austern essen.«
Joschka Fischer: »Austern sind bourgeoiser Mist!«

Was der von mir hier erfundene Joschka Fischer gegen den Vorschlag von Cohn-Bendit vorbringt, ist ein unfairer *Ad-hominem*-Angriff. Statt etwas für oder gegen Austern (»schmecken nicht«, »sind eklig«, »Tierquälerei« usw.) zu sagen, wird derjenige, der Austern essen will, als Bourgeois hingestellt, den es zu entmachten gilt.

Wie wehrt man sich gegen solche Kritik? Entweder fair, indem Sie die unfaire Kritik als solche benennen und zurückweisen. Oder unfair, indem Sie polemisch werden, schweigen, das Gespräch abbrechen usw. Ein Cohn-Bendit würde vermutlich schlagfertig reagieren. Vielleicht in der folgenden Art:

Daniel Cohn-Bendit: »Wir sollten Austern essen.«
Joschka Fischer: »Austern sind bourgeoiser Mist!«

Daniel Cohn-Bendit: »Nein, sie sind lecker. Wir brauchen Austern für alle!«[34]

Wenn Sie mit unfairen Mitteln auf unfaire Kritik reagieren, lassen Sie sich natürlich darauf ein, dass der Boden der argumentativen Auseinandersetzung verlassen wird. Das *kann* zum Ziel führen. Muss es aber nicht. Wenn Sie sowieso einen Geschäfts- oder Koalitions- oder Ehepartner loswerden wollen, dann ist es eine gute Strategie, auf solche Angriffe selbst unfair zu reagieren. Wie gesagt, das kann zielführend sein. Muss es aber nicht.

Vollständige Immunität: Das geimpfte Weltbild

Es gehört noch eine Strategie zum Thema Kritik und Umgang mit ihr, die ich Ihnen nicht vorenthalten möchte, obwohl, nein: gerade weil ich sie für höchst zweifelhaft halte. Mit dieser Strategie ist es möglich, dass Sie sich und Ihre Meinung gegen jedwede Kritik immunisieren. Das klingt vielleicht vermessen, ist es aber nicht. Sie können Ihre Meinung so impfen, dass sie unangreifbar wird. Allerdings zahlen Sie für diese Impfung einen hohen Preis.

Beginnen wir wieder mit einem Beispiel.

Betrachten wir Winston. Winston ist einerseits Fan von Science-Fiction und andererseits Verschwörungstheorien jedweder Couleur gegenüber sehr offen. Daher entwickelt er eines Tages seine eigene kleine Verschwörungstheorie, in der er das Beste aus beiden Bereichen verquickt.

Winston: »Außerirdische Mächte kontrollieren alles Leben auf der Erde und insbesondere das der Menschen.«

Nur um der Klarheit willen: Ich halte Winstons Meinung für falsch. Und gerade das macht sie zu einem guten Beispiel für meinen jetzigen

---

34 Dieser Dialog ist so zwar von mir erfunden, aber nicht bar jeder Realität. Vergleichbare Szenen haben sich damals offenbar abgespielt. Den Slogan »Austern für alle!« gibt Cohn-Bendit in Pepe Danquarts Dokumentarfilm *Joschka und Herr Fischer* zum Besten.

Zweck. Denn wenn ich recht habe mit der Impfung, dann muss es Winston ja gelingen, selbst diese falsche Meinung gegen Kritik abzuschotten. Wie geht das? Nun, er muss noch einen Operator hinzufügen, der den argumentativen Impfstoff enthält:

Winston: »Wer das bezweifelt, dessen Wahrnehmung und Denken wird bereits vollständig von der außerirdischen Macht kontrolliert. Sie wollen unentdeckt bleiben.«

Jetzt versuchen Sie mal, Winston zu widersprechen.
Betrachten wir die folgenden Kritik-Versuche:

Kritiker 1: »Quatsch, wir haben keinerlei Anhaltspunkte für die Existenz außerirdischer Mächte.«
Winston: »Da siehst du, wie perfekt sie funktionieren.«

Kritiker 2: »Wir haben dein und mein Gehirn untersucht. Es gibt viele Unterschiede, aber keine, die auf eine außerirdische Gedanken-Schranke hinweisen.«
Winston: »Du bezweifelst mit deinen Apparaten doch nur, dass es diese außerirdische Macht gibt. Deine Wahrnehmung und dein Denken werden bereits vollständig von ihnen kontrolliert. Was du sagst, sagst du nur, weil sie es wollen.«

Winstons Weltbild ist so vernagelt wie eine Rattenfalle. Da er mit der Impfung jeden Widerspruch in Bestätigung seiner Theorie ummünzt, kann ihm keiner was. Nur zahlt Winston dafür einen hohen Preis: Er lässt sich auf die Argumente seiner Kritiker gar nicht ein. Das sollte er auch nicht. Denn sonst gibt es am Ende noch eine echte Diskussion mit Argumenten und dann könnte sein Weltbild ja ins Wanken kommen. Damit eine Argumentation sinnvoll möglich wird, müsste er zugeben, dass unser Denken irgendwie doch noch funktioniert – und nicht vollständig von Außerirdischen determiniert ist. Denn sonst wären ja alle Debatten nur Scheingefechte, da die außerirdische Macht von vornherein festgelegt hat, wer welchen Einwand in welcher Debatte bringt.

Dieser Trick ist natürlich für jede Meinung anwendbar. Sie können mit dieser Impfung Ihre Meinung als Politiker, Lobbyist, Freund des Walfangs, der Esoterik oder des Umweltschutzes vernageln.

»Walfang ist Teil unserer Kultur. Unsere Kultur wird von bösen Mächten angegriffen. Wer gegen den Walfang ist, argumentiert im Auftrag dieser bösen Mächte.«

Sie können genauso auch die gegenteilige Position vernageln:

»Wale sind bedrohte Tiere, die es vor bösen Mächten zu schützen gilt. Wer gegen diese Meinung ist, spielt den bösen Mächten in die Hände.«

Der Trick ist, einmal durchschaut, simpel und langweilig. Besonders beliebt ist diese Strategie bei Fanatikern jeder Art. Egal ob es um Autos, Religionen, Herkunft, Geschlecht, Politik oder Brühwürfel geht – fanatisches Denken werden Sie, wenn Sie es einmal durchschaut haben, an jeder Ecke finden. Leider.

Was aber kann man tun? Kann man etwas tun? Haben wir noch Spielraum, um an einem vernagelten Weltbild zu rütteln? Solange der Vertreter des Weltbilds standhaft bei seinem einen Argument bleibt: Nein. Wolfgang Weimer schlägt in seinem lesenswerten Büchlein *Logisches Argumentieren* drei Strategien vor, mit denen man versuchen kann, einen Fanatiker aus der Deckung zu locken:[35]

a.) Sie können beanstanden, dass der Trick für *jede* These funktioniert. Also auch für die, die seiner widerspricht.

b.) Sie können versuchen, Ihren fanatischen Gesprächspartner doch noch in eine echte Diskussion zu verwickeln. (Um diese führen zu können, muss er zumindest vorübergehend seine Immunisierungsstrategie aufgeben und sich erklären.)

c.) Sie können ihm auch vorhalten, dass es sich um einen Trick handelt, mit dem er sein Weltbild vernagelt.

Ob das aber hilft? Das kommt drauf an, wie tief die Nägel im Weltbild sitzen ... und machen wir uns nichts vor: Wir alle laufen

---

35 Vgl. zu diesen Strategien Weimer: *Logisches Argumentieren*, S. 74 ff.

mit ungeprüften Überzeugungen herum. Ich zum Beispiel habe heute Morgen wieder nicht kontrolliert, ob Außerirdische auf meinem Dach sitzen und mitlesen, während ich das hier tippe … Die Außerirdischen passen eben nicht in mein Weltbild.

Vom Ende einer Debatte

Zum Schluss dieses Kapitels will ich den Blick noch auf die möglichen Enden, die Arten des Ausgangs von Diskussionen und Debatten legen. In der Idealvorstellung gehen Diskussionen so vor sich: Beide Parteien tragen ihre Thesen und die sie begründenden Argumente vor. Die Argumente werden geprüft und wer recht hat, setzt sich durch oder hat gewonnen.[36]

In der alltäglichen Praxis sieht das natürlich anders aus. Ganz simpel gesagt, kann eine Diskussion stets auf zwei Weisen enden:

1. Es gibt eine Einigung.
2. Es gibt keine Einigung.

Im ersten Fall hat sich entweder einer der beiden Gesprächspartner von der These des anderen überzeugen lassen oder beide sind im Gespräch zu einer dritten These vorgedrungen, die sie als wahr oder praktikabel akzeptieren. Schön, wenn es so läuft.

Aber der Alltag lehrt uns, dass es durchaus nicht immer so läuft. Jogger und Hundehalter, ruhebedürftige Frührentner und Familien mit Kleinkindern geraten regelmäßig aneinander und die Positionen scheinen unvereinbar zu sein. Das heißt: Auch der zweite Fall ist möglich und kommt in der Realität vor. Wie verhalten Sie sich, wenn Sie mit Ihren Argumenten nicht überzeugen können und die Gegenseite wiederum Sie nicht überzeugt?

Erste Möglichkeit: *Vertagen* statt *vertragen*. Manchmal ist das eine gute Wahl. Das heißt nicht unbedingt, dass das Problem einfach auf die lange Bank geschoben wird. Denn Vertagen heißt ja nicht nichts tun. Ein konstruktives Vertagen bedeutet eine Pause der Diskussion.

---

36 Eine Illustration dieser Idealvorstellung bietet Denzel Washingtons Film *The Great Debaters*, in dem Debattier-Gruppen gegeneinander antreten. Die Kriterien, nach denen die Jurys jeweils die Sieger ermitteln, lässt der Film allerdings ziemlich im Dunkeln …

In dieser Pause sind beide Seiten dazu aufgerufen, noch einmal alle Punkte des Konflikts zu durchdenken. Und das kann fruchtbar sein: Manchmal hat man auf dem Heimweg nach einer Sitzung noch einen Einfall, wie man seine Sache besser erklären oder darstellen könnte. Manchmal dämmert einem erst beim Spaziergang am Tag nach der großen Schlacht, wie die Gegenseite diesen oder jenen Punkt meinte. Die Möglichkeit, den Faden dann noch einmal aufzunehmen und mit neuen Ideen ein altes Problem oder eine alte Frage anzugehen, schafft das Vertagen – im gelingenden Fall. Aber es lässt sich nicht beliebig oft wiederholen: Wer immer weiter vertagt, der schiebt Probleme nur vor sich her – und davon werden sie oft nicht kleiner.

Zweite Möglichkeit: Sie können bei unvereinbaren Positionen diese auch stehenlassen. Der Gewinn der Diskussion besteht dann darin, dass die Pro- und Kontra-Argumente explizit auf dem Tisch sind. Wenn keine Lösung des Konflikts in Sicht ist, dann ist es ein Erkenntnisgewinn, dass man immerhin weiß, wo genau die Meinungsverschiedenheit besteht. In einigen Fällen kann das schon reichen, um einen Konflikt wenigstens emotional zu entschärfen. Das heißt nicht, dass eine Seite »nachgibt« und etwas unterschreibt, was sie für falsch hält. Manchmal ist es ratsam, die Unvereinbarkeit zu konstatieren und so stehenzulassen. Es gibt Freunde, die in politischen Fragen wohl niemals einer Meinung sein werden. Was soll's? Sie diskutieren, lassen die Kontroverse kontrovers sein und bleiben Freunde. Ob sich später vielleicht doch noch eine Lösung auftut, hängt maßgeblich davon ab, ob beide Seiten das Gespräch erneut suchen und neue Argumente einbringen können.

Überzeugt hat in so einem Fall keine von beiden Parteien. Aber wie ich schon ganz am Anfang dieses Buches sagte: Meiner Meinung nach ist das Ziel einer Argumentation nicht primär, sich durchzusetzen, sondern eine wahre, gute oder funktionierende Lösung für ein Problem zu finden. Wenn beide Seiten sich am Ende in dem Punkt einig sind, dass sie sich auf der Basis der bisherigen Argumente nicht einigen können, dann ist das als Zwischenergebnis doch immerhin ein echter Erkenntnisgewinn.

5. Ende der Diskussion –
Wo Argumente nicht weiterhelfen

Nachdem ich nun ein ganzes Buch lang Argumentation als Form der Auseinandersetzung betrachtet und einige Werkzeuge eingeführt habe, die Sie in einer Diskussion benutzen können, will ich den Blick zum Schluss noch einmal über den Tellerrand heben und die Grenzen der Argumentation betrachten. Denn es ist durchaus nicht immer der Fall, dass Diskutieren die beste, eleganteste oder auch nachhaltigste Art ist, mit einem Problem oder Konflikt umzugehen.

Genau das aber behaupten Autoren, die Bücher über Argumentation schreiben, nur allzu gerne schon in der Einleitung. Damit schießen diese Autoren über ihr Ziel hinaus. Selbst der ansonsten sehr umsichtig formulierende Wolfgang Weimer vergleicht in seinem Buch *Logisches Argumentieren* die Argumentation mit den Alternativen Zwingen und Überreden und – oh Wunder: Das Argumentieren gewinnt mit den meisten Vorteilspunkten.

Diese einleitenden Worte sind aber so allgemein gehalten, dass Weimer offenbar entgangen ist, dass es nicht in *jeder* Situation, nicht in *jedem* Fall eines Interessenskonfliktes sinnvoll möglich ist, zwischen Zwingen, Überreden oder Argumentieren zu Gunsten der Argumentation zu entscheiden. Bei Weimer ist dieser blinde Fleck besonders verwunderlich, denn er vergleicht den Zwang mit der Überredung, bringt aber gerade als Beispiel für Überredung den Fernsehwerbespot. Hier die Möglichkeiten des Zwangs mit denen der Überredung zu vergleichen, ergibt schon deshalb keinen Sinn, weil die Werbestrategen zwar einiges können, aber sie können uns nicht *zwingen*, ein Produkt zu kaufen – sonst würden sie es garantiert tun, denn Umsatzsteigerung ist ihr Auftrag. Und wenn mein Ziel ist, den Umsatz einer Zigarettenmarke zu steigern, dann bin ich gut beraten, auf Argumentation zu verzichten – es gibt nämlich verflixt wenig *stichhaltige Argumente*, die für das Rauchen egal welcher Marke sprechen. (In der ersten Folge der Fernsehserie *Mad Men* versuchen die Werbestrategen einer Werbeagentur, einen Slogan für eine Zigarettenmarke zu finden. Die *Argumente* gehen ihnen aus, als der Chef der Zigarettenfirma fragt, ob der Slogan im Ernst sei: »Du wirst sowieso sterben. Also stirb mit uns.«)

Warum und in welchen Fällen ich nicht der Meinung bin, dass die Diskussion die beste oder nachhaltigste Lösung bietet, will ich im Folgenden an vier Beispielbereichen zeigen. Ich erhebe dabei keinen Anspruch auf Vollständigkeit. Gewiss gibt es noch mehr Situationen, in denen Diskussionen nicht zum Ziel führen.

1. Geschmacksentscheidungen
2. Gefahr im Verzug
3. Gefühle
4. Erziehung

1. Über Geschmack lässt sich nicht streiten

Geschmacksfragen ist mit argumentativen Mitteln nur in ganz bestimmten Konstellationen beizukommen. So ist es zum Beispiel das Los der Kritiker, ihre Geschmacksurteile so zu begründen, dass sie von ihrer Leserschaft verstanden werden können. Es ist ein schwieriger Job, ein Kunstwerk (ein Stück Musik, Literatur, bildender Kunst, Theater, Architektur, Tanz, Film usw.) in diesem Sinne zu besprechen. Schuld an der Schwierigkeit ist die Subjektivität des Urteils dessen, was wir als schön, passend, gut, zeitgemäß oder geschmackvoll empfinden. Gleichwohl bin ich nicht der Meinung, dass es überhaupt nicht möglich ist, sinnvoll über Fragen des Geschmacks zu diskutieren. Ich habe (lange und gerne) Literaturwissenschaft studiert; und ich begründe gerne und ausführlich, warum ich einige Gedichte von Heinrich Heine so schön finde. In diesem Bereich ästhetischer Auseinandersetzung ist es möglich und sinnvoll zu argumentieren. Aber die Grenzen der Argumentation sind im ästhetischen Bereich schnell erreicht: Wenn es gilt, eine ästhetische Entscheidung zu treffen, hilft uns die Diskussion nicht unbedingt weiter.

Es gibt Theaterregisseure, die viel und gerne mit den Schauspielern über das Stück und die Inszenierung diskutieren. Wenn es aber um die Frage geht, ob Woyzeck und Marie vorne rechts, hinten rechts, mittig oder hinter einer Wand ihre erste Begegnung haben sollen, dann führt das Aus*probieren* oftmals schneller und nachhaltiger zu einem befriedigenden Ergebnis als das Aus*diskutieren*. – Das soll nun freilich nicht heißen, dass Regisseurinnen immer recht haben und über nichts mehr diskutieren sollten. Aber manchmal beißt man sich an einer Sache mit einer Debatte fest und das Ausprobieren liefert schnell den Nachweis, ob es gut aussieht, die gewünschte Wirkung entfalten kann oder nicht.

Ein anderes Beispiel: Wenn eine Eigentümergemeinschaft die Fassade neu streichen lassen will und über den genauen Farbton diskutiert, kommt irgendwann der Punkt, an dem es sinnlos wird, weiter zu argumentieren. Am Ende soll die Fassade kontrastreich, hell, warm, nicht rot, nicht grau und freundlich sein. Was für eine Farbe stellen Sie sich da vor? Und was stellt sich wohl Ihr Bruder oder Ihre Schwester darunter vor? Es hilft nichts: Die Damen und Herren sollten jemanden (einen Architekten oder Maler) beauftragen, diverse Vorschläge zu machen, damit sie etwas haben, was sie angucken können. Sie müssen ausprobieren, nicht ausdiskutieren. Es sind Geschmacksurteile. Da diese subjektiv sind, hilft auch die schönste, schlüssigste Argumentation nicht unbedingt weiter.

2. Gefahr im Verzug

Diskutieren ist schön. Diskutieren macht in der Regel Spaß. Diskutieren kann unglaublich hilfreich sein, um Probleme dauerhaft zu lösen. Aber eins ist eine Diskussion so gut wie nie: ein Weg zu einer *schnellen* Lösung. Das ist kein Widerspruch zu meiner obigen Behauptung, dass mündliche Debatten schnell sind. Die Debatten sind schnell, die Worte gehen uns locker über die Lippen und wir behaupten sehr flott. Das aber heißt nicht, dass eine Diskussion ein Problem auch rasch löst. Wenn ein Problem im Verzugsfall anbrennt, dann sollten Sie nicht diskutieren. Das tun wir normalerweise auch nicht. Dennoch gehört diese Grenze der Argumentation einfach dazu. Das sollte uns klar sein, damit wir Freunde der Argumentation nicht zu überheblich werden:

Diskutieren Sie nicht mit Ihrem Lebenspartner darüber, wer den Topf vom Feuer nimmt, wenn der Reis anbrennt. Aufstehen und runter mit dem Topf ist die bessere Lösung.

Wenn Ihr Kind bei Rot über die Straße rennen will: Nicht diskutieren! Festhalten!

Die Feuerwehrleute diskutieren nicht, wer welches Rohr wann und wie hält. Hier ist eine eingeübte Hierarchie am Werk. Die Einsatzleiterin bestimmt, die Feuerwehrleute gehorchen. Das geht schneller. Freilich können und sollten die Feuerwehrleute widersprechen, wenn die Leitung in ihren Augen einen Fehler macht. Aber wenn erst eine Diskussion darüber losbricht, wer denn eigentlich wem was zu sagen hat, dann ist die Kirche mitsamt Dorf abgebrannt, ehe der erste Tropfen Wasser ein Strahlrohr verlassen hat.

3. Gefühle und Argumente

Gefühle und Argumente sind ein merkwürdiges Paar. Diskussionen, hatte ich oben gesagt, gehen nicht ohne Gefühle ab. Und doch scheinen Gefühle und Argumente einander abzustoßen wie Öl und Wasser.

»Ich habe das Gefühl, als wäre hier noch irgendetwas faul«, sagte ein Student in einem Seminar immer wieder. Der Professor hat ihm schließlich diese Art von Gefühlsmitteilung untersagt. Zu Recht? Ich finde schon. Diese Äußerungen haben genervt. Nicht, weil er Gefühle hatte, sondern weil der Student nach seiner Gefühlsmitteilung nichts mehr geliefert hat, was als Argument für oder wider eine These dienen konnte. Das heißt: Er hat in einem Kontext, in dem *Argumentation* erwartet wurde, *Gefühlsmitteilung* geliefert und damit nur das Wischiwaschi eines »Na-also-so-ganz-haut-das-noch-nicht-hin« geäußert. Für eine handfeste, rationale Debatte sind solche Äußerungen (jedenfalls auf Dauer) nicht zu gebrauchen.

Also weg mit den Gefühlen, wenn es um Argumente geht? Im Grunde: ja. Es sei denn, die Gefühle sind selbst Teil eines Arguments. Was natürlich denkbar ist.

Aber kann man über Gefühle diskutieren? Natürlich kann man. Die Frage ist nur, ob es Sie einer Lösung Ihres Problems oder Konflikts näherbringt. Es ist schwer, über Gefühle zu reden. Und das aus demselben Grund wie bei dem, was wir als schön empfinden. Gefühle sind subjektiv. Diskussionen aber sind etwas, was intersubjektiv zwischen zwei oder mehr Mitspielern stattfindet. Somit ist der Sprecher, wenn er über seine Gefühle reden will, gezwungen, ein subjektives Empfinden so in Worte zu kleiden, dass es für einen anderen, der selbst nicht Träger dieser Gefühle ist, nachvollziehbar wird. Das kann sinnvoll sein: im Zwiegespräch mit Therapeuten, Freunden und Partnern, um sich seiner selbst klarer zu werden. Das kann aber auch ganz grandios in die Hose gehen.

Woody Allen ist ein Meister darin, Situationen zu schaffen, in denen eigentlich nichts mehr diskutiert werden sollte, und in genau diesen Situationen lässt er seine Helden dann plappern und aufeinander einreden (am liebsten beide gleichzeitig), als stünden sie in einem Seminarraum und lägen nicht gerade (endlich!) nackt unter einer Bettdecke. Regelmäßig zerredet bei Allen einer der beiden Partner die Stimmung, in der eigentlich erotische Gefühle vorherrschen sollten.

Auch Ehepartner in Ehekrisen sind manchmal besser beraten, wenn sie die Gefühlslage *nicht* diskutieren, da jede Diskussion in Streit umschlägt. Verhaltensänderungen, Absprachen, an die man sich auch hält, oder eine überraschende Nettigkeit für den Partner können in solchen Problemlagen noch Chancen eröffnen, die sich im Wortgefecht kaum ergeben werden.

Und auch Höflichkeit und Taktgefühl zielen darauf ab, die Gefühle von anderen nicht zu verletzen. Es kommt vor, dass es schlicht unhöflich wäre, eine These, eine Behauptung zu diskutieren, sodass es ein Gebot der Höflichkeit ist, über eine falsche Meinung hinwegzusehen und die Diskussion ebenso wie den Anspruch auf Wahrheit (so sehr ich beide mag) zurückzustellen.

4. Erziehung oder Vorleben und Vorbeten

Auch im pädagogischen Bereich laufen Diskussionen in manchen Situationen schlicht ins Leere.

Mutter *nimmt ihrem Kind einen Stein aus der Hand*: »Du sollst doch nicht mit Steinen schmeißen! Da kannst du andere mit verletzen!« (Die Mutter schmeißt den Stein weg.)

Die Mutter tut zweierlei: Sie argumentiert. Und sie handelt. Aber Worte und Taten passen nicht zusammen. Die Mutter tut, was sie ihrem Kind gerade untersagt hat. An dieser Szene zeigen sich zwei Möglichkeiten der Erziehung: Man kann dem Kind etwas vormachen in der Hoffnung, dass es das richtige Verhalten nachmacht. Und man kann mit dem Kind reden und diskutieren. *Beides* ist möglich und beides ist nötig.

Erziehung erstreckt sich dabei nicht nur auf das, was Erwachsene mit Kindern anstellen: Jeder, der unterrichtet, kennt diese Grenze der Diskussion. Gedichtinterpretation ist so etwas, das Sie lernen, indem Sie jemandem, der es kann, dabei zusehen, wie es geht. Hier wird nicht über die Methode diskutiert und diese dann angewandt. Der Professor macht vor, der Student macht nach. Auch Instrumentallehrer diskutieren mit ihren Schülern nicht über jede Tonhöhe. Die Lehrerin macht vor, der Schüler macht nach. Diskussionen sind hier nicht hilfreich, um das Problem (Hans kann noch nicht Geige spielen) zu lösen. Sie können mit Ihrem Kind jeden Tag über die Gefahren des Straßenverkehrs *diskutieren*. *Effektiver* wird die Verkehrserziehung, wenn Sie dabei an roten Ampeln stehen bleiben: Sie leben vor, wie man sich im Straßenverkehr verhalten muss, um lebend von einem Ort zum anderen zu gelangen.

Ich diskutiere viel und gern mit meinen Kindern. Aber nicht über die Frage, ob sie sich selbst anziehen, ihre Butterbrote selbst schmieren oder die Treppe rauflaufen (statt sich von mir tragen zu lassen). Da bin ich hart und diese Punkte sind nicht verhandelbar. Meine Richtschnur ist dabei: Was Kinder selbst können, müssen sie auch selbst erledigen. Ich mache es vor, sie machen es nach. Sich den Nachahmungstrieb zunutze zu machen, ist effektiv und sorgt für mehr Gerechtigkeit in der Familie. Schließlich lasse ich mir mein Butterbrot ja auch nicht von meiner Frau schmieren. Oder von meiner Schwiegermutter.

Womit wir wieder bei einem meiner Lieblingsbeispiele gelandet wären. Aber keine Angst, ich beginne nicht wieder von vorne. Kann ich gar nicht. Denn der Verlag haut mir auf die Finger.

Kleiner Scherz.

So ist die Zusammenarbeit mit dem Verlag nicht; diese Zusammenarbeit ist sehr konstruktiv. Und genau deshalb haben mein Lektor und ich den Umfang dieses Buches natürlich längst stressfrei

ausdiskutiert.

Literaturverzeichnis

Aristoteles: *Topik (Organon Teil V)*, übers. v. Eugen Rolfes, Leipzig 1922.

Cicero: *Topica*, lat./dt. Ausgabe, übers. v. Karl Bayer, München 1993.

Eemeren, Frans van und Grootendorst, Rob: *A systematic theory of argumentation*, Cambridge 2004.

Eemeren, Frans van und Grootendorst, Rob: *Argumentation, Communication, and Fallacies. A Pragma Dialectical Prespective*. Hillsdale, New Jersey 1992.

Erlinger, Rainer: *Gewissensfragen*, München 2005.

Frege, Gottlob: »Der Gedanke. Eine logische Untersuchung«, in: *Beiträge zur Philosophie des deutschen Idealismus*, 2 1918–1919, S. 58–77, wieder in: G. Frege: *Logische Untersuchungen*, hg. v. Günther Patzig, Göttingen 1966.

Fisher, Roger; Ury, William; Patton, Bruce: *Das Harvard-Konzept*, übers. v. Werner Raith u. Wilfried Hof, Frankfurt a.M. 2009 (engl. Originalausgabe von 1981 u. 1991).

Grice, H. Paul: »Logic and Conversation«, wieder in: ders: *Studies in the way of words*, Cambridge, Massachusetts 1989, S. 22–40.

Kienpointner, Manfred: *Alltagslogik*, Stuttgart 1992.

Nietzsche, Friedrich: *Menschliches, Allzumenschliches*, (1878) zitiert nach: ders.: Sämtliche Werke, Kritisches Studienausgabe hg. v. Giorgio Colli und Mazzino Montinari, München 1999.

Platon: *Theaitetos*. übers. v. Friedrich Schleiermacher. Zitiert nach: Platon: *Sämtliche Werke*, Bd. 4, Hamburg 1958.

Queneau, Raymond: *Stilübungen*, aus dem Französischen übers. v. Ludwig Harig und Eugen Helmlé. Frankfurt a.M. 1990 (Original 1947).

Quintilianus, Marcus Fabius: *Ausbildung des Redners, Zwölf Bücher*. Übers. v. Helmut Rahn, Darmstadt 1975.

Toulmin, Stephen E.: *The Uses of Argument*, Cambridge 2003.

Watzlawick, Paul; Beavin, Janet H.; Jackson, Don D.: *Menschliche Kommunikation. Formen, Störungen, Paradoxien,* Bern 2007 (1. Auflage 1969).

Weimer, Wolfgang: *Logisches Argumentieren,* Stuttgart 2008.